TRASTORNOS ALIMENTARIOS

Cecilia Silva

Anorexia

Bulimia

Comer
compulsivo

EDITORIAL
PAX MÉXICO

EL LIBRO MUERE CUANDO LO FOTOCOPIAN

Amigo lector:

La obra que usted tiene en sus manos es muy valiosa, pues el autor vertió en ella conocimientos, experiencia y años de trabajo. El editor ha procurado dar una presentación digna a su contenido y pone su empeño y recursos para difundirla ampliamente, por medio de su red de comercialización.

Cuando usted fotocopia este libro, o adquiere una copia "pirata", el autor y el editor dejan de percibir lo que les permite recuperar la inversión que han realizado, y ello fomenta el desaliento de la creación de nuevas obras.

La reproducción no autorizada de obras protegidas por el derecho de autor, además de ser delito, daña la creatividad y limita la difusión de la cultura.

Si usted necesita un ejemplar del libro y no le es posible conseguirlo, le rogamos hacérnoslo saber. No dude en comunicarse con nosotros.

Editorial Pax México

COORDINACIÓN EDITORIAL: Matilde Schoenfeld
DIAGRAMACIÓN: Ediámac
DISEÑO DE PORTADA: Beatriz Saldaña

© 2007 Editorial Pax México, L.C.C., S.A.
    Av. Cuauhtémoc 1430
    Col. Santa Cruz Atoyac
    México, D.F. 03310
    Tel. (5255) 5605 7677
    Fax (5255) 5605 7600
    editorialpax@editorialpax.com
    www.editorialpax.com

Primera edición
ISBN 978-968-860-907-1
Reservados todos los derechos
Impreso en México / *Printed in Mexico*

Índice

Capítulo 1

Los adolescentes

Hoy en día, los jóvenes están más preocupados que nunca por estar delgados, por parecerse a sus artistas favoritos, por ser el más popular, el más guapo... y están dispuestos a hacer casi cualquier cosa para conseguirlo. Cada vez nos enteramos de más personas que hacen dietas y en el mercado hay más y más alimentos *light, reducidos en grasas, bajos en calorías, etcétera.* Hacer ejercicio, tomar mucha agua y alimentarse "sanamente" está de moda; y nadie quiere estar pasado de peso.

Son muchos los motivos por los cuales los jóvenes están interesados en verse bien. Por ejemplo, creen que su atractivo depende de su delgadez, y que si son atractivos, les será más fácil alcanzar sus objetivos, ser exitosos, tener amigos, encontrar novio o novia y ser aceptados por sus familias y por quienes los rodean.

También es cierto que los adolescentes aún no han terminado de conformar un conocimiento sólido de ellos mismos, que eso les dificulta asumir posturas claras e inamovibles ante los conflictos del entorno, que se sienten inseguros de sus posibilidades y temerosos del futuro. Todo esto hace que tengan una fuerte necesidad de sentir que forman parte de su grupo social, de atraer la atención sobre sí y de llevar a cabo muchos y muy diversos intentos por sentirse seguros y confiados. Sin embargo, como su mundo interior es, en la mayor parte de los casos, caótico e incomprensible ante sus ojos, suelen buscar la satisfacción de sus necesidades en cosas externas, razón por la cual la apariencia física y la aceptación de los demás cobran tanta importancia.

Para poder hablar de alteraciones en la conducta de un adolescente, primero debemos tomar en cuenta que muchas de las cosas que hacen los jóvenes, aunque puedan parecer extrañas, son habituales y se deben al momento de desarrollo en el que se encuentran. Necesitamos, entonces, conocer cuáles conductas son normales, cuáles no lo son y por qué. Además, si queremos entender por qué alguien desarrolla síntomas como los de los trastornos alimentarios, debemos empezar por conocer los conflictos que pueden dar pie a tales sintomatologías.

¿Cómo es un adolescente "normal"?

La adolescencia es la etapa del desarrollo en la que se es más vulnerable a desarrollar patologías alimentarias, así como muchos otros trastornos; es una etapa difícil tanto para los jóvenes como para sus padres. Durante este periodo es común que los chicos sufran cambios repentinos en su estado de ánimo y respondan de manera "extraña" ante situaciones cotidianas. Se alteran con facilidad y con frecuencia se les observa callados, tristes o enojados. Todo esto produce también reacciones emocionales por parte de los padres, quienes tienden a angustiarse y a sentirse profundamente preocupados, sobre todo cuando se sienten incapaces de actuar de manera eficaz ante sus hijos.

Es importante empezar por comprender que la adolescencia constituye un periodo en el cual se produce un gran número de cambios. Desde el punto de vista físico, se observa una pronunciada aceleración del crecimiento y la maduración, lo cual modifica la forma del cuerpo. El pensamiento se desarrolla y se alcanzan habilidades intelectuales más complejas, lo que permite abordar los problemas y entender la realidad y la vida de una manera diferente. Desde el punto de vista social, cambia la forma de relacionarse con el grupo de coetáneos y con los adultos, además de que se inicia la búsqueda de un lugar propio en la sociedad. Todos estos cambios (físicos, psicológicos y sociales) producen en los jóvenes una intensa sensación de descontrol y de extrañeza; se sienten "raros", "diferentes" y muchas veces tampoco entienden lo que les sucede ni son capaces de controlarse, lo cual produce angustia y miedo ante lo desconocido.

Uno de los cambios más característicos de esta etapa es el del cuerpo. Para el adolescente es uno de los más difíciles de asimilar. Los rápidos cambios físicos que experimenta le preocupan y hacen que se sienta incómodo. Su cuerpo cambia, su voz cambia, aparecen los caracteres sexuales secundarios (busto, vello púbico, bigote, etcétera) y, por ello, la imagen que tiene de sí mismo también se modifica. Estos cambios no tienen lugar en todos los adolescentes a la vez, puesto que hay grandes diferencias individuales, lo que puede hacer sentir en desventaja a los menos desarrollados en relación con sus compañeros, en tanto que los más desarrollados muchas veces se sienten avergonzados.

El peso también se convierte en objeto de preocupación. Todos los adolescentes deben ganar unos cuantos kilos, primero porque su cuerpo crece y gana masa muscular; segundo, porque empieza a acumularse grasa (sobre todo en las mujeres) en zonas específicas, como las caderas o las piernas y, tercero, porque el cambio hormonal gracias al cual se desarrollan los caracteres sexuales produce variaciones metabólicas que le pueden llevar a retener líquidos. El adolescente no tiene claras estas explicaciones y únicamente se da cuenta del aumento de sus dimensiones, a las que inicialmente ni siquiera está habituado. Es por ello que se muestran torpes y tropiezan con facilidad; literalmente, su cuerpo les queda grande. Todo esto les hace sentir incómodos, sobre todo porque prestan gran atención a la opinión de los otros, les importa mucho lo que piensen de él y cómo lo vean, y además tienden a sentirse en el centro de las miradas, por lo que buscan apegarse a los cánones de belleza establecidos por el grupo, que generalmente están asociados con la delgadez, ante la creencia de que es guapo quien está delgado y de que el sobrepeso no es atractivo.

Como consecuencia de estos cambios físicos, se observan también cambios importantes en el concepto de sí mismos o autoconcepto y en la autoestima, y si éstos, por alguna razón, no lograron establecerse correctamente durante la infancia, será aún más complicado para los adolescentes contender con las exigencias del entorno y con los cambios que ellos mismos sufren.

El ser humano, a diferencia de otras especies, experimenta un crecimiento lento y largo para desarrollarse plenamente. Desde el nacimiento ocurren cambios, pero los que aparecen en la adolescencia son más significativos, pues son muy notorios y marcan el punto de transición entre la niñez y la vida adulta. La adolescencia comienza alrededor de los 12 o 13 años; es precedida por la pubertad, que aparece entre los 11 y 12 años, y se extiende hasta los 18 o 20 años. No podemos hablar de edades específicas, sólo de aproximados pues, como ya dijimos, el proceso tiene ligeras variaciones de un individuo a otro.

Los cambios físicos y fisiológicos transforman el cuerpo infantil dotándolo de capacidad para reproducirse; estos constituyen el punto de partida desde donde evoluciona la conducta social y la actitud hacia sí mismo y hacia otras personas. El ritmo y la dirección de madurez de un individuo, es decir, la velocidad con la que se desarrolla físicamente y la forma en que lo hace, puede tener efectos significativos sobre su aceptación y estatus social, sobre la eficiencia de su participación en varias actividades y sobre su ajuste emocional. Si un joven se desarrolla rápidamente y su cuerpo toma las dimensiones esperadas según el ideal establecido por la sociedad, se sentirá mejor, será más popular y tendrá acceso a muchas actividades sociales, lo cual le permitirá sentirse más conforme consigo mismo. Por el contrario, si se desarrolla lentamente o resulta más pequeño o más grande de la media, es posible que se sienta diferente del resto, que prefiera no participar en actividades sociales para no mostrar su cuerpo y que se considere rechazado por el grupo, lo cual afectará su estado anímico.

La transformación del cuerpo del niño en un cuerpo de adulto nunca ha sido sencilla, pero cabe la posibilidad de que se haya vuelto más compleja con el transcurso de los siglos, en tanto que el crecimiento de los adolescentes parece estar ocurriendo cada vez más temprano y las presiones sociales son mayores; los niños de ahora tienden a crecer y a tener características de adultos más rápidamente de lo que ocurría en niños de hace 100 años o inclusive de hace 50. Hasta hace poco tiempo, por ejemplo, las niñas solían tener su primera menstruación alrededor de los 13 años y hoy, la menarca aparece entre los nueve y los 11 años en la mayor parte de los casos. Esto ha propiciado un desfase importante entre la entrada a la madurez, físicamente hablando, y la posibilidad de participar en las actividades de los adultos. Por ejemplo, un joven puede alcanzar la madurez corporal a los 14 años, pero es hasta los 18 que la sociedad lo considera adulto.

Durante la adolescencia, se da un incremento pronunciado en el peso y la estatura. Este cambio ocurre antes en las niñas (alrededor de los 10 años) que en los niños (12 o 13 años). Las niñas tienden a ser más livianas que los niños hasta que se inicia la adolescencia, cuando ganan peso y su apariencia se redondea gracias a la formación de capas de grasa debajo de la piel, que producen el ensanchamiento de las caderas y la aparición del busto. Los niños alcanzarán mayor peso pues ganarán masa muscular, manteniéndose así durante toda la madurez.

Aunque se pueden establecer variaciones debidas a la composición física, a la ejercitación del cuerpo, la alimentación, etcétera, suele existir una relación entre el peso y la estatura; al principio, las niñas mostrarán un aumento mayor en la estatura que los niños, pero hacia el final de la adolescencia, los varones las rebasarán considerablemente.

También existe una estrecha relación entre la maduración sexual y la estatura, por lo que es común esperar un aumento en la talla cuando el sujeto ha experimentado una madurez temprana de las características sexuales; mientras que a una madurez tardía de estas características, correspondería a un crecimiento lento en la estatura.

Se puede decir que son cinco los principales cambios que suceden durante la adolescencia en cuanto al aspecto físico:

1. Rápido aumento de la estatura y ganancia de peso.
2. Desarrollo de las glándulas sexuales o gónadas: en los varones, los testículos se vuelven capaces de liberar esperma; en las mujeres, los ovarios comienzan la liberación de óvulos.
3. Cambios en los órganos genitales y diversas áreas del cuerpo: crecimiento del vello púbico, del vello facial, cambio de voz, aparición del busto, etcétera.
4. Cambios en la composición del cuerpo, específicamente en la cantidad y distribución de la grasa y los músculos.
5. Cambios en los sistemas circulatorio y respiratorio, lo que incrementa la fuerza y el vigor.

La adaptación a estos cambios puede ser difícil no sólo porque el adolescente tiene que acostumbrarse a las nuevas funciones, sensaciones y dimensiones de su cuerpo, si no porque estos cambios físicos exigen una adaptación, también compleja, a nivel psicológico, pues el sujeto se enfrenta a un "nuevo" cuerpo y, por tanto, a un "nuevo" yo, y ese "nuevo" yo tiene que aprender a relacionarse de otra manera con el mundo, con las personas que lo rodean e, incluso, consigo mismo.

Lo anterior convierte a la adolescencia en un periodo considerado conflictivo y difícil, la labor que el joven debe llevar a cabo es realmente complicada. Una de las principales situaciones a las que se tienen que enfrentar es transformar los patrones adquiridos durante la infancia en las conductas adultas aceptadas por la sociedad. El momento de transición de la infancia a la adultez constituye el periodo preparatorio o de iniciación para la edad adulta; durante este periodo se hace una recapitulación de toda la experiencia acumulada durante la infancia con el fin de organizarla de manera que permita al niño ingresar al mundo de los adultos.

Establecer un sentido de cómo se es realmente es otra de las tareas importantes de la adolescencia y, por extraño que parezca, para lograrlo es necesario estar en relación con los otros, ya que en la medida en que el joven comparte su tiempo con los demás, puede darse cuenta de sus similitudes y sus diferencias; esto es, los otros funcionan como un parámetro con los cuales el adolescente puede compararse para encontrar sus particularidades. Así, si no estuviera rodeado por otros, no podría encontrarse a sí mismo. Por ello para el joven es tanta la necesidad de pertenecer a un grupo, sentirse parte de…, identificado con…, pues es en la interacción con los otros donde descansa la resolución de la crisis de identidad que, sin excepción, atraviesan los muchachos.

La identidad tiene un componente sexual importante, pues se vuelve indispensable comportarse en la forma "apropiada para el propio sexo". Las mujeres se sienten presionadas por las exigencias sociales dirigidas a ellas y a su figura ("tienes que ser bonita, estar delgada", etcétera), y los varones temen ser catalogados como poco masculinos si no desarrollan suficiente musculatura o alcanzan una estatura determinada. De esta forma, en un intento por no sentirse fuera de lugar o diferentes del resto, tanto hombres como mujeres recurren a la imitación de modelos y los problemas algunas veces surgen cuando el modelo elegido no es el adecuado o cuando se asumen conductas extremas (como dejar de comer o realizar ejercicio en exceso) para alcanzar ese modelo. De esta manera, aunque el adolescente se ve regido por una gran cantidad de normas y patrones de comportamiento, en realidad se encuentra sólo en la definición de su autoconcepto, es decir, el conjunto de conceptos, representaciones, juicios descriptivos y valorativos que conforma el sujeto acerca de sí mismo. O sea, que la sociedad nos dice cómo debemos ser, pero no suele decirnos cómo conseguirlo.

Durante la adolescencia, además, se define la personalidad y comienza la integración de los aspectos del sí mismo en una totalidad más organizada, estable y coherente. La capacidad de reflexión, vinculada con su habilidad para dirigir sus propios pensamientos y sentimientos y para evaluar y valorarse a sí mismo le permite al joven controlar, valorar y organizar mejor las experiencias.

Si la noción de sí mismo determina en gran parte el autoconcepto, entonces la autoestima juega un papel importante en este sentido. Los adolescentes son más inseguros y autocríticos que los niños o que los adultos y se preocupan más por lo que los otros piensan de ellos, por lo cual sienten una gran necesidad de adaptarse a los deseos y expectativas de los otros. El problema es que en realidad no saben con certeza qué es lo que los otros desean o esperan de ellos. Así, en un intento por sentirse aceptados y queridos, es probable que lleven a cabo conductas que algunas veces no son la mejor elección. Es común, por ejemplo, que empiecen a fumar o a beber alcohol porque sus amigos lo hacen; elijan su vestimenta según la manera en que se visten sus compañeros, no importa si a ellos mismos les gusta o no; actúan de manera distinta dependiendo del lugar en el que se encuentren, con algunas personas pueden portarse muy serios, con otras muy risueños, etcétera, haciendo su humor más cambiante aun.

La adolescencia también es el momento en que el individuo consolida su capacidad general frente al mundo, a la realidad y al entorno social, logrando adaptarse y ajustarse a patrones de interacción duraderos. Es durante esta etapa que el niño experimenta las diferentes formas que existen para interactuar con el mundo; por primera vez está en posibilidades de establecer amistades perdurables y tendrá que enfrentarse a normas sociales que cuando era niño no se le obligaban a cumplir pero que ahora, si quiere ingresar al mundo de los adultos, tendrá que seguir y sufrir las consecuencias cuando rompa alguna de esas normas.

También en esta etapa se consuma el proceso de interiorización de pautas culturales y valores. Le guste o no, el joven tiene que adaptarse a su entorno social, respetar las reglas establecidas y tratar de ajustarse a los principios morales. A un niño se le puede perdonar un pequeño robo, pero a un adolescente no. No pasa nada grave si un niño dice una mentira, pero en boca de un adolescente o de un adulto, una mentira puede tener importantes consecuencias y poco a poco, el joven debe comprender esos cambios y adaptarse a ellos. Cuando esto sucede, el joven tiene que desarrollar su propia autonomía frente al entorno, es decir, conforme se convierte en adulto tendrá la posibilidad de elegir lo mejor para él y podrá adaptar las convenciones sociales a sus propias creencias. Lo importante, en este sentido, es que aprenda a ser responsable, que siempre tome en cuenta que sus actos tienen consecuencias y que se detenga a pensar si está dispuesto a afrontarlas antes de decidirse a actuar.

Por otra parte, gracias a que se perfeccionan sus habilidades comunicativas y, en general, sociales, el adolescente puede ampliar su campo de movimiento, sus palabras podrán ser más eficaces para conseguir lo que desea y puede relacionarse con los demás de manera más respetuosa y estable. Será más considerado respecto a los deseos, creencias y expectativas de los otros, y buscará la forma de hacerlos coincidir con los propios.

En términos generales, las relaciones sociales son una de las dimensiones más importantes en el desarrollo. Durante la infancia, las relaciones interpersonales se establecen con los compañeros de la escuela, con los maestros y con los padres, pero cuando se llega a la adolescencia, se amplían los espacios posibles para relacionarse y los jóvenes se separan de la familia, lo cual les entusiasma pero al mismo tiempo les asusta, pues salen de un ambiente seguro y conocido para sumergirse en un mundo donde hay mayores diferencias entre las personas y donde se encontrará con gente que puede tener valores, creencias y costumbres distintas a las propias.

Durante este periodo, también se inicia la etapa del enamoramiento, que no es primariamente sexual, si no que constituye un intento por llegar a una definición de la identidad personal, proyectando la propia imagen en otro individuo, o sea, que el adolescente tiende a buscar en el otro un reflejo de sí mismo o de lo que le gustaría ser; así, si consigue una pareja de acuerdo con sus expectativas, se sentirá muy satisfecho consigo mismo pues creerá que esa persona es una consecuencia de lo que él mismo es. Por ejemplo, se harán planteamientos como: "si tengo una novia guapa es porque también lo soy", "si tengo un novio mayor que yo es porque soy muy madura e inteligente", etcétera.

No obstante, como ya dijimos, el enamoramiento no es primariamente sexual, pero debemos tomar en cuenta que las relaciones de pareja tienen un componente importante de tal índole. Desde la pubertad (entre los nueve y los 11 años), el cerebro del adolescente empieza a generar las hormonas que permiten el desarrollo de los caracteres sexuales secundarios; el cuerpo queda preparado para menstruar, en el caso de las mujeres, y para producir espermatozoides, en el caso de los hombres. De tal manera, el cuerpo se prepara para la reproducción.

Una de las funciones más importantes del organismo es la fecundación, pues asegura la supervivencia de la especie. Para que el ser humano pueda procrear, es indispensable que su cuerpo cuente con las características necesarias, que se establecen gracias a la función hormonal, la cual está regida por el cerebro. Desde que el niño nace, su cuerpo segrega las hormonas que le permiten crecer y mantener el buen funcionamiento del organismo, pero es hasta la pubertad que las hormonas que rigen la función sexual comienzan a producir cambios evidentes. Las variaciones en los procesos hormonales son las responsables de muchos de los cambios de humor súbitos de los adolescentes, pero también son las encargadas de preparar su cuerpo para la sexualidad y, por tanto, para la reproducción.

Si pensamos la sexualidad desde el punto de vista biológico, es decir, si reconocemos que su objetivo es la fecundación y que el cuerpo está diseñado para la procreación, tenemos que pensar, necesariamente, en ese cuerpo como un organismo preparado para mantener relaciones sexuales. Como el esfuerzo del cuerpo está centrado en el desarrollo de las funciones biológicas propias de la fertilidad, muchas de las sensaciones corporales durante la adolescencia se concentran en los órganos genitales y, como estas sensaciones se experimentan por primera vez y además son agradables, gran parte de los pensamientos están también están concentrados en ellas. Las relaciones amorosas, entonces, tienen un componente sexual importante, no por el interés de las relaciones como tal, si no porque es con el otro con quien se pueden descubrir y explorar todo ese cúmulo de sensaciones nuevas. La sexualidad es un tema fundamental para el adolescente y no se descubre en solitario.

Pero sobre todo, las relaciones de pareja y el enamoramiento dan al adolescente la posibilidad de adentrarse en sus propias emociones, pues descubre afectos que tampoco había experimentado antes y le permiten establecer vínculos estrechos con personas de su grupo de edad y del sexo opuesto, lo cual también se convierte en todo un descubrimiento. Cuando el adolescente se siente identificado, comprendido y acompañado; cuando se percibe lo suficientemente atractivo como para despertar el interés amoroso de otras personas, se sentirá tranquilo al relacionarse con los demás, se mostrará más seguro y confiado y más cómodo en su proceder, adaptado y con mayores posibilidades de hacerle frente a los conflictos y resolverlos de manera adecuada.

Por otra parte, la adolescencia implica el momento en que se inicia la separación y el alejamiento de la familia, lo cual es importante para el joven durante el proceso de adquisición de la autonomía personal y conforma el rasgo más destacado de su nueva situación social. De todas formas, no debemos olvidar que aunque el chico haga todo lo posible por sentirse independiente y por disfrutar su libertad, la realidad es que a todo lo largo de esta etapa tiene una enorme necesidad de afecto, cariño y atención de sus padres. De hecho, la demanda de escucha y cuidados se presenta en un grado similar, si no es que superior, al que presentaba durante la infancia, y si se muestra huraño y esquivo ante algunas manifestaciones de cariño de sus padres, se debe a la confusión entre necesitarlos y querer ser independiente; entre mostrarse débil y vulnerable, y suponer que se espera que sea fuerte y decidido.

Así, aunque algunas veces no lo parece, durante esta etapa los padres no sólo siguen teniendo influencia en el adolescente, en sus decisiones y en su forma de vida, sino que muchas veces se vuelven el punto focal de su interés. Quieren ser admirados, reconocidos, escuchados, y muchas veces, por raro que parezca, lleva a cabo conductas molestas, defensivas y/o retadoras, pues supone, erróneamente, que con ello conseguirá la atención que desea obtener.

También es cierto que, por lo general, el joven toma en cuenta la opinión de sus padres en mayor medida que la de sus compañeros en aspectos referentes a su futuro, a pesar de que sigue más los consejos de sus compañeros en el momento de hacer alguna elección sobre el presente, en la realización de sus deseos y de sus necesidades actuales. Con la separación de la familia se establecen también lazos más estrechos con los compañeros convirtiendo éste en el momento de máxima tensión entre padres e hijos, pues la relación suele volverse más lejana y también más rígida.

Esto se debe, en parte, a la necesidad del adolescente de volverse autónomo respecto a sus padres; primero, siendo capaz de depender de sí mismo para resolver problemas en lugar de buscar a los progenitores para obtener ayuda y, segundo, tomando decisiones propias. Los varones suelen ser mucho más independientes que las mujeres, quienes a menudo y durante bastante tiempo mantienen fuertes lazos emocionales, sobre todo, con la madre. No obstante, los adolescentes que se sienten más autónomos y creen que han ganado libertad de elección, tienden a estar más cerca de sus padres y no en constante conflicto con ellos. El conflicto se agrava debido a la propia problemática interna de los padres, que sienten que pierden terreno frente a sus hijos; se sienten desplazados, poco necesitados y apreciados, pero, sobre todo, al ver crecer a los hijos se sienten viejos, lo cual puede desatar una crisis personal y muy común, que puede tensar la situación familiar y de pareja.

Durante la adolescencia, se modifica también el concepto de amistad, pues se establece una mayor intimidad con los compañeros que deja de estar basada en el juego para fundamentarse en la compañía, en compartir y en el cariño. A la necesidad de intimar con los amigos se suma el intercambio de secretos y la aparición de nuevos sentimientos: la lealtad y el compromiso, así como la creencia de que a los amigos se les puede confiar todo. El sentido de intimidad se intensifica, especialmente entre las mujeres, quienes pasan mucho tiempo discutiendo sus pensamientos y sentimientos, tratando de entenderse mutuamente. Los varones, por su parte, desarrollan la intimidad interpersonal más despacio y más tarde que las mujeres, ponen menos énfasis en los componentes afectivos de la amistad y mayor acento en los aspectos de acción. Asimismo, la intimidad con alguien de otro sexo aparece con más precocidad en mujeres que en hombres, y a medida que se intensifican las relaciones heterosexuales, decaen las relaciones entre jóvenes del mismo género, disminuyendo así la frecuencia de actividades tales como estar y hacer cosas con los amigos o tener intimidad y confianza con ellos. El adolescente está preparado para la intimidad, posee ya la capacidad de entregarse a relaciones y asociaciones afectivas perdurables y de desarrollar la ética necesaria para cumplir compromisos, aun cuando puedan exigir sacrificios significativos.

Dado que el adolescente está sometido a un proceso de cambios tan significativos y precipitados, y en tanto que estos cambios se convierten en fuentes de estrés, es importante que desarrollen los medios cognitivos (de pensamiento), conductuales y emocionales adecuados para contender con las presiones. En este sentido, los padres también juegan una papel de suma importancia. Según se sabe, los adolescentes cuyos padres ejercen un *parentaje autoritario, indulgente y negligente* presentan niveles bajos de competencia y seguridad, son menos eficaces para afrontar los diversos problemas que se les presentan y tienen menor autoestima. Esto significa que los padres que se comportan de manera arbitraria, asfixiante e intolerante, que no son capaces de establecer límites claros y precisos, que son apáticos y no prestan a sus hijos toda la atención que deben, tienen hijos más conflictivos, inseguros e ineficaces para resolver problemas. Por otra parte, los adolescentes que crecen bajo la guía de padres que ejercen la autoridad de manera firme pero cariñosa, que establecen límites inamovibles, que siempre o casi siempre están dispuestos a escuchar y demuestran su amor a sus hijos, son jóvenes mejor preparados para enfrentar y resolver los problemas, difícilmente se angustian, se meten en problemas con menos frecuencia, se sienten confiados y seguros, y están menos expuestos a situaciones de peligro pues hablan más con sus padres y toman en cuenta su opinión, pueden buscar su consejo y protección sin sentir que pierden autonomía o libertad.

También debemos tomar en cuenta que los adolescentes sufren cambios psicológicos de diversa índole. Uno de los más interesantes es el que se produce a nivel cognitivo, lo cual está relacionado con sus características de pensamiento. A saber, el pensamiento de los niños está orientado hacia las cosas y eventos que pueden ser observados, mientras que el adolescente es capaz de considerar lo posible y no sólo lo que sucede en la realidad; es decir, puede tomar en cuenta hipótesis y supuestos lógicos. El sujeto se vuelve capaz de razonar las consecuencias de verdades posibles y, por tanto, es capaz de manipular no sólo los objetos, sino también las ideas. Estas características permiten que su razonamiento sea sistemático y que posibilite la solución de problemas abstractos, tales como los lógicos y los científicos. Esto también le permite alcanzar una mejor comprensión de las relaciones sociales y todos los contenidos complejos que surgen día a día. El adolescente, entonces, se enfrenta por primera vez con una serie de contenidos de información, de relaciones lógicas y de supuestos abstractos que le resultan nuevos y que algunas veces son difíciles de comprender, pues cuando hablamos de abstracto nos referimos a todas aquellas cosas que no hacen referencia a objetos que podemos ver o tocar. Por ejemplo, son abstractos los conceptos como "libertad" o "justicia".

De manera muy cercana a este tipo de pensamiento abstracto, podemos ubicar otra habilidad importante: el llamado pensamiento de segundo orden, que es el acto de pensar en nuestra propia manera de razonar, lo que le permite al adolescente pensar las estrategias que emplea para resolver problemas. Este tipo de pensamiento implica, a su vez, la introspección y la intelectualización, entendiendo lo primero como el hecho de pensar acerca de los sentimientos y pensamientos de uno mismo y, lo segundo, como la aplicación de una lógica abstracta a las emociones.

Así, si el adolescente cuenta con una mayor y más sofisticada habilidad de pensamiento, y ya que ésta le abre un mundo nuevo de posibilidades, también es cierto que tendrá que enfrentar problemas más complejos cada vez, y encontrará que la solución de los problemas no siempre depende de su habilidad para razonarlos.

Resulta obvio, entonces, por qué la adolescencia constituye una etapa tan difícil y angustiante tanto para los padres como para los hijos. Son demasiados cambios en un corto lapso y el joven debe adaptarse y acostumbrarse a todas sus nuevas posibilidades. Es importante, entonces, tratar de comprenderlos y con ello tratar de evitar que la ansiedad que normalmente se produce entorpezca nuestro actuar como padres.

En resumen, la problemática a la que se enfrenta el adolescente está compuesta por los siguientes aspectos:

Cambios físicos
✓ Alteraciones hormonales
✓ Cambio en el aspecto
✓ Crecimiento repentino

Ajustes emocionales

✓ Enfrentamiento con emociones y sensaciones nunca antes experimentadas
✓ Dificultad para reconocer las emociones
✓ Dificultad para controlar las emociones
✓ Búsqueda de sí mismo (¿quién soy?)

Ajustes intelectuales

✓ Cambios en la forma de pensar y razonar los problemas
✓ Percatación de nuevos elementos del medio

Ajustes sociales

✓ Necesidad de pertenecer al grupo social
✓ Separación de la familia
✓ Establecimiento de nuevas formas de relacionarse
✓ Inicio de las relaciones amorosas
✓ Posibilidad de establecer relaciones amistosas duraderas

¿Qué quiere un adolescente?

Aunque algunas veces la conducta del adolescente puede desesperar a los padres y aunque parezca que no se le da gusto con nada, existen algunas cosas que los jóvenes buscan con impaciencia y en la medida que seamos capaces de dárselas o de señalarles que no las pueden tener, lograremos que nuestros hijos pasen por esta etapa con más tranquilidad y menos angustia.

▸ **El adolescente quiere ser tratado como un adulto.** Aunque tiene claro que aún no lo es, también tiene claro que tampoco es un niño. Ya no está dispuesto a seguir las órdenes al pie de la letra sólo porque lo mandan sus padres. Sabe que tiene nuevas capacidades físicas, mentales y sociales. Es más fuerte, astuto y, en general, tiene más y mejores habilidades que cuando era niño y desea usarlas.

▸ **Quiere ser independiente.** La sensación de independencia es muy importante para el adolescente, quiere tomar las riendas de su propia vida y algunas veces se confía en exceso de sus posibilidades, lo cual puede ponerlo en riesgo de meterse en algunos problemas.

▸ **Quiere sentirse importante.** No importa si el joven se siente contento o si se siente insatisfecho consigo mismo, él desea que el resto de la gente lo reconozca y le dé su aprobación. Pero, sobre todo, necesita saber que es importante y necesario para quienes lo rodean.

▸ **Quiere demostrar sus capacidades.** Se siente satisfecho y orgulloso de sus nuevas habilidades, desea mostrarlas, sorprender a los otros y con ello ganar su reconocimiento y respeto.

▸ **Quiere sentirse protegido.** A pesar de todo, los adolescentes se sienten sumamente vulnerables, son demasiadas las situaciones nuevas a las que tienen que enfrentarse y lo desconocido produce miedo, por ello necesita saber que siempre contará con la protección y la ayuda de sus padres.

▸ **Quiere sentirse apoyado.** El joven tiene claro que aún no sabe cómo reaccionar ante ciertas situaciones. Desconoce las consecuencias de muchos de sus actos y necesita la certeza de que pase lo que pase, cometa el error que cometa, quienes lo rodean lo van a respaldar y nunca lo dejarán solo.

▸ **Quiere sentirse seguro.** Algunas veces se produce mucha angustia en los adolescentes pues no saben cómo actuar ante sus nuevas circunstancias; quisieran sentirse seguros de lo que hacen y de las decisiones que toman, pero rara vez lo consiguen, por lo que necesitan que sus padres los guíen y los animen a seguir adelante.

▶ **Quiere encontrar sus límites.** El joven todavía no tiene claro qué puede hacer, qué está prohibido, qué se le permitirá y qué no, qué resulta ofensivo, cuándo sus padres se van a enojar, etcétera. Sabía perfectamente cómo comportarse cuando era niño, pues lo aprendió a lo largo de varios años, pero cuando sus condiciones cambian, se sienten desconcertados, pues ingresan a un mundo en el que nunca han actuado y cuyas reglas apenas conocen. Muchas de las actitudes retadoras de los adolescentes son pruebas que les ponen a los padres con el afán de descubrir hasta dónde pueden llegar, dónde está su límite.

▶ **Quiere aprender a tomar decisiones.** Aunque pretende aparentar que puede tomar decisiones importantes, en realidad sabe que aún no está preparado y quiere aprender a hacerlo. Desgraciadamente, muchas veces tendrá que equivocarse para ejercitarse en la toma de decisiones.

▶ **No quiere sentirse confundido.** Algunas veces la angustia del adolescente proviene de la confusión que la etapa le produce. Como se dijo, le sobran motivos para sentirse confundido; es algo que no se puede evitar, pero que genera un gran malestar.

▶ **Quiere ser escuchado.** Tiene mucho de qué hablar y mucho qué decir. Necesita expresar su malestar y confusión, y si frecuentemente se muestra retraído y hosco, es porque supone que a nadie le interesa lo que tiene que decir o teme que sus palabras puedan ser mal interpretadas, por lo que prefiere callarse, aun a costa de su tranquilidad, pues sus más grandes miedos se relacionan con la crítica y el rechazo.

▶ **Quiere ser tomado en cuenta.** Los adolescentes tienen muchas cosas que decir y muchas de ellas son verdaderamente interesantes y acertadas. El joven, entonces, quiere que sus opiniones se tomen en cuenta y que su actuación sea importante para el resto del grupo. No quiere sentirse como si no existiera o careciera de importancia.

¿Qué necesita un adolescente?

❀ **Privacidad**. Al dejar de ser niño, el individuo se vuelve más celoso de su tiempo y de su espacio; necesita momentos a solas y un territorio propio. Necesita poder guardar secretos y sentir que su intimidad no está a la vista de todos. Su cuerpo se está desarrollando y no desea ser observado. Empieza a tener relaciones más entrañables con los otros y no quiere exponerlas, empieza a generar pensamientos, sentimientos y sensaciones que no desea compartir pues son únicamente suyos.

❀ **Respeto**. En la medida en que se sienta considerado por los otros como alguien importante, que sus opiniones, gustos, preferencias, amistades, estados de ánimo, etcétera, sean respetados, estará más tranquilo y contento, se sentirá más seguro de sí y más dispuesto a cooperar con los otros.

❀ **Ser escuchado.** Darnos tiempo para escuchar a nuestros hijos siempre es una buena inversión. Algunas veces el ritmo de vida nos restringe el tiempo para hablar y otras veces no sabemos escuchar, pero debemos tomar en cuenta que en la medida en que los escuchemos, los adolescentes nos tendrán más confianza y nos darán la oportunidad de estar al tanto de sus necesidades, miedos, deseos y peligros. Esto constituye una oportunidad invaluable para mantenerlos a salvo, lo más posible, de situaciones adversas.

❀ **Paciencia.** Debemos empezar por entender que las cosas que hacen los adolescentes no tienen como objetivo molestarnos o sacarnos de quicio; muchas veces lo que tanto nos fastidia forma parte de su proceso normal de desarrollo. Aunque nos altere, el adolescente no tiene otra manera de aprender más que equivocándose y experimentando, incluso con sus padres.

¿Qué hago con mi hijo adolescente?

➤ **No tratarlo como si siguiera siendo un niño pequeño.** Aunque es cierto que el adolescente todavía no está preparado para acceder al mundo de los adultos con todo lo que ello implica, la verdad es que tampoco sigue siendo un niño. Si le permitimos tomar algunas decisiones, si respetamos sus gustos y deseos, si aprendemos a tomar en cuenta su opinión, y si la mayor parte del tiempo le hablamos en lugar de darle órdenes, se sentirán mucho más satisfechos, aceptarán con mayor facilidad las reglas y nos podremos relacionar con ellos de una manera más positiva.

➤ **No pelear ni discutir.** Si entra a la pelea, perderá autoridad al ponerse a la altura de su hijo. Usted no debe discutir ni entrar en controversia con el joven; debe exponer claramente lo que espera, lo que está dispuesto a permitir y cómo desea que se hagan las cosas. Si el adolescente no hace lo que debe o no lo hace como debe, tendrá que asumir las consecuencias; la decisión está en él.

➤ **Poner límites claros.** Aunque el adolescente se quejará, se inconformará y hará todo lo posible por mostrar su desacuerdo, es indispensable que haya disciplina, reglas y acuerdos que debe respetar. La disciplina, las reglas y los acuerdos deben ser consistentes, siempre los mismos; pueden ser flexibles; pero nunca se deben romper. A cada regla debe corresponder una consecuencia en caso de no cumplirla y para cada acierto debe haber una recompensa. Es mejor reconocer y felicitar cuando algo se hace bien que regañar cuando se hace mal. Trate de evitar los regaños y ponga atención en reconocer los aciertos; esto hará que el joven se sienta más deseoso de hacer las cosas adecuadamente.

➡ **Cumplir las amenazas y también las promesas.** Debemos tener mucho cuidado en las advertencias que hacemos a nuestros hijos. Si los amenazamos con un castigo, debe tratarse de algo que realmente podamos cumplir. Si amenazamos y no cumplimos, los jóvenes no nos tomarán en serio y llegará el momento en que no servirán nuestros regaños. Cualquier falta debe tener una consecuencia que será tan negativa como grande sea la infracción. También es importante cumplir cuando ofrecemos algo a cambio. De otra manera, los hijos no tendrán interés en hacer lo que les pedimos.

➡ **Mostrar autoridad.** En todo momento debemos mostrar firmeza; si flaqueamos o dudamos al ejercer la disciplina, nuestros hijos lo interpretarán como que no estamos convencidos del planteamiento y se aprovecharán para hacernos cambiar de opinión. Si no estamos seguros de una medida disciplinaria, es mejor no aplicarla, ni siquiera proponerla.

➡ **Escuchar.** Ser firme, ejercer la disciplina, poner límites y no entrar en discusión no significa que no podamos escuchar. Debemos poner atención a los argumentos de nuestros hijos y darles la razón si la tienen; es por ello que debemos tener la certeza de que cada regla que imponemos sea inamovible y necesaria. Escuchar es la mejor manera de establecer una buena relación y de mantener a los hijos lejos de muchas situaciones de riesgo.

➡ **Ponerse en su lugar.** Todo sería más fácil si tuviéramos la costumbre de ponernos en el lugar del otro. Piense cómo se sentía usted cuando tenía la edad de su hijo(a), qué pensaba, en qué creía, cuál era su escala de valores, lo mal que se sentía, cuán confundido estaba... Si lo hace, le será más fácil comprender a su hijo; le ayudará para tenerle más paciencia, será más sencillo encontrar respuestas.

➡ **Darle obligaciones pero también beneficios.** Está muy bien que sus hijos deban cumplir con una serie de obligaciones, pero recuerde que no todo en la vida son los deberes. Si quiere que ellos cumplan, usted también debe cumplir cuando les ofrece algo, y aunque no se trate de un intercambio y algunas cosas deben hacerse simplemente porque así debe ser, vale la pena ofrecer incentivos de vez en cuando.

➡ **Respetar su privacidad.** No registre los objetos personales de sus hijos, no espíe sus conversaciones telefónicas, si tiene alguna duda o está preocupado por algo, es mejor que le pregunte directamente.

➡ **Respetar su intimidad.** Debido a los cambios físicos que sufre el adolescente, es normal que se sienta avergonzado ante algunas situaciones. Toque la puerta antes de entrar a su habitación, procure que tenga un lugar donde se sienta cómodo para asearse, vestirse, hablar por teléfono, etcétera, sin ser visto ni oído.

➡ **Valorar sus opiniones.** No olvide que seguramente su hijo(a) tiene cosas interesantes que decir. Los adolescentes, con toda su inocencia y astucia, pueden darnos lecciones interesantes. No deseche las opiniones de sus hijos, pueden resultar valiosas.

➡ **No retarlo ni aceptar sus retos.** Los adolescentes tienden a retar a sus padres con el afán de descubrir sus límites y con la esperanza de corroborar que son más fuertes y que no es fácil derrotarlos. Si usted lo reta o acepta sus retos, está poniéndose a su nivel y la relación no puede desarrollarse como un enlace entre amigos. No importa cuán buena sea esa relación ni cuánta confianza se tengan, usted es su padre o su madre y él(ella) siempre será su hijo(a). Amigos tiene y tendrá, pero sólo tiene un padre y una madre.

Si el caso es extremo, busque ayuda. Si cree que la situación lo rebasa, si se siente confundido y no sabe cómo tratar a sus hijos, es mejor que busque el consejo de un experto. No se nace sabiendo cómo ser un buen padre o una buena madre; no se preocupe, es normal que de vez en cuando se sienta fastidiado, triste, enojado o desconcertado.

Capítulo 2

Trastornos
de la alimentación

La adolescencia es el momento más vulnerable para desarrollar trastornos de la conducta alimentaria. En términos generales, se trata de un síntoma, de una señal de que algo anda mal. Este síntoma en particular, hace referencia a la insatisfacción que los adolescentes sienten respecto a sí mismos y que, como ya dijimos, puede deberse a una serie de factores relacionados con los muchos y muy abruptos cambios que se producen desde la pubertad hasta el final de la adolescencia.

Si la insatisfacción con ellos mismos es el punto central de los problemas de alimentación, entonces estas enfermedades no alteran nada más la forma en que comen, sino que descomponen sus estados emocionales, pues producen angustia, depresión, irritabilidad e inconformidad, lo cual ocasiona un rompimiento de sus relaciones sociales y familiares, pues prefieren estar solos, sin que nadie los moleste, ya que se sienten incomprendidos.

Los trastornos de la conducta alimentaria, por lo general, tienen su origen en una compleja problemática psicológica. Algunas veces se deben a una baja autoestima, otras a la sensación de falta de control o a la imposibilidad para relacionarse adecuadamente con los otros. En todo caso, lo importante es tomar en cuenta que *nadie* tiene la culpa, son enfermedades como hay muchas y cualquier persona puede desarrollarlas independientemente de su edad, sexo o condición social.

Los principales trastornos alimentarios son la *bulimia*, la *anorexia* y el *comer compulsivo*. Aparecen, por lo general, durante la adolescencia (entre los 11 y los 20 años), una etapa particularmente frágil en la que los jóvenes están intentando descubrir quiénes son, qué van a hacer cuando sean mayores, cómo entablar amistades duraderas; además están experimentando con su independencia y, en general, se sienten muy inseguros y temerosos de no poder llegar a ser el tipo de adulto que les gustaría. Estos padecimientos pueden sufrirse sólo durante una temporada o permanecer durante periodos muy largos e, incluso, durante toda la vida. En casi todos los casos suele haber recaídas, y quienes los han padecido conservan cierto temor a no tener un aspecto físico agradable.

Aunque, como ya dijimos, la adolescencia es la etapa de mayor riesgo, también es posible que los problemas relacionados con la alimentación empiecen durante la infancia o surjan pasada la adolescencia, pues aunque son más comunes entre los jóvenes, también podemos observarlos en niños pequeños y en personas mayores. En realidad se presentan con más frecuencia en mujeres que en hombres, pero estos últimos también los padecen, aunque suele ser muy difícil detectarlos en los varones. Son enfermedades que se presentan en todos los círculos sociales, en todos los niveles económicos, en todos los países y cada día son más comunes.

En términos generales, estas enfermedades se manifiestan con una serie de alteraciones en la forma de comer (comer poco, comer mucho, tardarse mucho en comer, "ordenar" la comida en el plato y muchas otras), y en la manifestación de conductas anormales relacionadas con el peso y la imagen corporal (como insistir en que está gordo cuando está flaco, ejercitarse en exceso para no engordar o usar laxantes sin necesitarlos). Debemos insistir en que para poder afirmar que existe un problema alimentario, comer de más o de menos y hacer cosas para adelgazar *tienen* que estar relacionadas con el disgusto hacia uno mismo y la figura. Por ejemplo, podemos dejar de comer o comer de más porque estamos preocupados o tristes y no por eso tenemos anorexia o somos comedores compulsivos.

Entonces, la bulimia y la anorexia se fundamentan en el miedo a engordar y en el deseo de enflacar, por lo que dejar de comer o vomitar después de ingerir los alimentos se convierten en "buenas ideas" para conseguir tal propósito. El comer compulsivo, en cambio, implica un profunda insatisfacción con la figura pero una aparente indiferencia a engordar, por lo que se come en grandes cantidades con el objetivo de obtener bienestar y satisfacción aunque el resultado es sentirse aún peor.

Existe otro grupo de patologías alimentarias en el que se clasifican los problemas que no cumplen con todas las características de la anorexia ni de la bulimia o que comparten síntomas de una y de otra, por lo que resultan confusas y dificultan determinar con certeza de cuál de las dos se trata. Este tipo de trastorno se conoce como *no especificado* y suele presentarse en los más jóvenes. Esto nos hace pensar que la anorexia y la bulimia son enfermedades que tardan en definirse, pues algunas veces se presentan síntomas propios de una y luego de la otra. En muchos casos, el trastorno termina inclinándose hacia la anorexia o hacia la bulimia, pero en otros continúa siendo siempre un trastorno no especificado.

Desde hace algún tiempo, los investigadores y los profesionales de la salud han empezado a observar algunos síntomas que, a diferencia de la anorexia, la bulimia y los trastornos no especificados, se presentan más en los hombres que en las mujeres. Estos síntomas consisten en una necesidad tan grande por hacer ejercicio, que de no hacerlo, se produce mucha angustia. Quienes presentan este síntoma suelen ser personas que dedican varias horas al día a ejercitar su cuerpo y que comen en exceso o consumen diferentes tipos de complementos alimenticios a fin de cambiar la forma de sus cuerpos y volverlos musculosos y fuertes. Cuando una persona se excede en la cantidad de ejercicio que realiza y no se trata de alguien cuya forma de vida se lo exija (como los deportistas de alto rendimiento o los fisicoculturistas) y cuando esa persona insiste en sobrealimentarse y en sobreejercitarse porque no está conforme con su aspecto (lo cual dijimos que es un síntoma básico de los trastornos de la conducta alimentaria) probablemente sufra *vigorexia*, padecimiento que aún no se incluye en los manuales diagnósticos pues todavía no existe un acuerdo médico o científico al respecto, pero que de todas formas vale la pena tomar en cuenta y pedir ayuda si observamos este tipo de conducta en alguno de nuestros hijos.

En realidad, cualquier conducta extraña relacionada con la forma de comer amerita una visita al médico o al psicólogo; por ejemplo, cuando alguien consume cosas que no son comestibles como por ejemplo cabello, gises, tierra, o cuando lleva a cabo conductas extrañas al comer como masticar y escupir sin tragar, tomar cantidades excesivas de agua (más de tres litros al día puede ser sintomático), comer un grupo reducido de alimentos, etcétera. Estas conductas poco habituales pueden ser síntoma de muchos padecimientos y no necesariamente de un trastorno de la conducta alimentaria, por lo que es indispensable obtener la opinión de un experto.

¿Desde cuándo existen los trastornos de la alimentación?

Aunque ahora es muy común escuchar que alguien tiene anorexia o bulimia, la realidad es que los trastornos de la conducta alimentaria existen desde hace mucho tiempo. Algunos estudiosos del tema creen que a finales de 1800 se describió por primera vez un caso de anorexia, pero al parecer fue hasta la década de los años sesenta del siglo xx que la medicina, particularmente la psiquiatría, empezó a tomar interés en el padecimiento al presentarse varios casos en Estados Unidos.

La bulimia también aparece recientemente (probablemente durante los setenta del siglo pasado) en los manuales diagnósticos como un trastorno de origen psicológico pero que afecta la forma en que la persona se alimenta y, por lo tanto, su estado físico. De la misma manera, el comer compulsivo ha sido considerado como trastorno alimentario hasta hace muy poco, pues durante mucho tiempo fue visto únicamente como "comer de más". Probablemente fue hasta hace unos 50 años que los profesionistas de la salud empezaron a estudiarlo; el interés surgió cuando la obesidad empezó a convertirse en un fenómeno cada vez más común que reafectaba seriamente la salud. De hecho, el comer compulsivo no fue considerado trastorno psiquiátrico hasta el año de 1994, cuando se le incluyó en los manuales diagnósticos como un trastorno alimentario específico y distinto de la bulimia y de los otros trastornos no especificados, lo cual propició que durante la última década los estudios relacionados con este padecimiento lo consideraron un problema de salud mental y no únicamente nutricional.

Podemos decir entonces, que los trastornos de la conducta alimentaria no constituyen enfermedades nuevas, pero tal vez son más comunes porque ahora existe más presión proveniente del medio. De una forma u otra todos nos sentimos *obligados* a estar delgados y vernos lo más parecidos al ideal culturalmente establecido que se presenta constantemente en las revistas, el cine y la televisión.

Sin embargo, a pesar de que la historia de los trastornos de la alimentación no es corta y de que existen muchos estudios al respecto, lo cierto es que todavía falta mucho por descubrir y que durante los últimos años la anorexia, la bulimia y el comer compulsivo se han convertido en un importante foco de atención tanto para la comunidad científica como para el público en general, debido a lo peligrosos que pueden ser y al alarmante aumento en el número de casos.

¿Cuán comunes son estos trastornos?

En nuestro país no existen datos consistentes acerca de la frecuencia con que se producen trastornos de la alimentación, y aunque las investigaciones realizadas parecen indicar que aún no representan un problema de la magnitud en la que se presenta en otros países, en la última década ha habido un aumento en la demanda de tratamiento. También se sabe que los jóvenes comienzan a desarrollarlos a edades cada vez más tempranas, incluidos los varones. Y no sólo eso, lo más grave es que cada vez un número mayor de personas muere a consecuencia de alguno de estos trastornos.

En otros países se han hecho más estudios respecto al número de casos de trastornos alimentarios, la edad de inicio, etcétera. Por ejemplo, se sabe que en Estados Unidos los trastornos de la alimentación afectan a un estimado de cinco millones de mujeres cada año. De igual forma, en Europa Occidental se ha observado un incremento en la cantidad de personas diagnosticadas con alguno de estos trastornos. En países sudamericanos también se cuenta con poca información, pero se sabe que se presentan con mayor frecuencia en mujeres que en hombres y que son más los casos de bulimia que de anorexia, a pesar de que la bulimia muchas veces no se diagnostica pues las personas que la padecen son capaces de ocultar sus síntomas, no así los anoréxicos, que son perceptiblemente más delgados de lo normal.

Por lo general, la bulimia se diagnostica después de los 18 años y la anorexia coincide con la primera menstruación y el decimoquinto aniversario; aun así, se han observado estas enfermedades en todos los grupos de edad, incluyendo ancianos y niños pequeños.

Adicionalmente, se sabe que existe un número mayor de personas con diagnóstico de trastorno alimentario en países occidentales, pues la cultura es determinante en la manera en que los individuos se ven a sí mismos y en las metas que pretenden alcanzar. Por ejemplo, se han encontrado pocos casos en Japón y en China, a excepción de algunos reportes en Hong Kong, ciudad que, al haber sido colonia inglesa, está más.

La bulimia es más común en adolescentes tardíos (después de los 17 años aproximadamente) y en adultos, en tanto que la anorexia suele presentarse en preadolescentes y adolescentes tempranos (a partir de los 11 años). A pesar de que los expertos coinciden en que los trastornos de la alimentación aparecen con mayor frecuencia en las mujeres, ha aumentado la población masculina que presenta estas patologías, aunque su inicio es más tardío que en las mujeres y, en general, tienen una ocupación en la que el control del peso es importante (bailarines, jockeys, fisicoculturistas, boxeadores, modelos, etcétera).

A diferencia de las niñas, los niños forman una imagen de sus cuerpos a partir de su participación en los deportes, actividad de socialización importante que refuerza la aceptación de sí mismos y, desde su nacimiento, son adoctrinados en el sentido de que los hombres deben cumplir con ciertas conductas y actitudes como demostrar independencia, competitividad, fuerza física, agresividad y coraje, y cuando tienen dificultad para alcanzar estas metas se aíslan socialmente y manifiestan conductas problemáticas. Cuando los hombres sienten que no pueden controlar sus emociones y que sus cuerpos no se ajustan a los estándares que la sociedad impone, esto puede producir trastornos en la conducta alimentaria, y muchas veces la insatisfacción con la forma de sus cuerpos se expresa mediante la necesidad de ejercitarse para cambiar su figura.

También es importante mencionar que existe una escasa relación entre los trastornos de la conducta alimentaria y el nivel socioeconómico. En pocas palabras, se puede afirmar que sin importar el estrato social o económico, los trastornos de la alimentación pueden desarrollarse en cualquier mujer o en cualquier hombre. No se trata de una enfermedad de las clases privilegiadas como algunas veces se ha pensado; lo que sucede es que el rechazo a comer es más evidente en quienes tienen acceso a muchos alimentos que en quienes tienen restricciones por falta de recursos económicos.

Por último, es importante decir que cerca de la mitad de quienes padecen anorexia o bulimia se recuperan por completo, aproximadamente 30% tiene una recuperación parcial y 20% no tienen una mejoría sustancial. El destino de cada persona depende de dos factores: primero, de que el padecimiento se detecte a tiempo y segundo, de que el tratamiento sea el adecuado.

¿Cómo influyen los medios de comunicación en los trastornos de la alimentación?

Un medio masivo de comunicación es aquel capaz de transmitir información a un gran número de personas en una sola emisión. Existen medios de comunicación auditivos, como la radio, y visuales, como la televisión, el cine o las revistas. En todos los casos, el objetivo es transmitir información y el tipo de información que se transmite depende generalmente de fines publicitarios e ideológicos. Esto es, la información que los medios masivos de comunicación nos transmiten muchas veces se selecciona con el propósito de convencernos de algo, vendernos algún producto o condicionar nuestra opinión.

Para alcanzar esta meta, es necesario que ofrezcan algo a cambio de que compremos tal producto o de que adoptemos conceptos o ideas específicos. Tal ofrecimiento suele fundamentarse en la promesa de que si hacemos, pensamos o compramos lo que nos proponen, alcanzaremos el éxito, el amor, el dinero, etcétera.

En la actualidad, es común que se difundan mensajes con contenidos relacionados con la delgadez: las personas delgadas son bellas, los bellos son exitosos y alcanzarán cualquier cosa que deseen. Por el contrario, rara vez veremos modelos con sobrepeso, a menos que se anuncie algún producto relacionado con la obesidad.

Todo esto contribuye a que los jóvenes desarrollen una imagen corporal negativa, pues las características físicas que nos presentan no sólo son poco comunes, sino que son difíciles e incluso imposibles de alcanzar. Se sabe que cuando vemos a esas mujeres jóvenes, altas, esbeltas, y a esos hombres fuertes y bronceados, la primera idea que cruza por nuestras cabezas es que nos gustaría ser así para alcanzar la felicidad que ellos parecen tener. Empezamos a preguntarnos qué necesitamos hacer para parecernos a ellos y entonces, necesariamente, nos damos cuenta de que nuestro físico es muy diferente al de esas personas bellas y exitosas. Percatarnos de esto puede no importarnos y seguiremos nuestras vidas de manera normal, pero también es posible que nos produzca ansiedad, tristeza y desesperanza, estados de ánimo que nos pueden impulsar a llevar a cabo ciertas acciones, independientemente de las consecuencias, en un intento por conseguir esa apariencia. Obviamente, entre más se aleje mi propia figura de aquellas que observo, peores consecuencias puede tener estar expuesto a esas imágenes.

Si observamos con atención los ideales de belleza a lo largo de la historia, nos podemos dar cuenta de que la figura "perfecta" cambia dependiendo la época. Por ejemplo, durante la década de los cincuentas del siglo pasado, el cuerpo más estético era el de las mujeres con caderas anchas, busto prominente, cintura pequeña y piernas torneadas. A partir de los setenta, el ideal empezó a cambiar y eran consideradas bellas las más delgadas. Pero, ¿qué es lo que modifica este ideal? La respuesta parece estar en el tipo de información que manejan los medios de comunicación y esa información depende de lo que resulte más conveniente para atrapar la atención del público consumidor.

Actualmente, debido al creciente deseo de los adolescentes por tener cuerpos de revista y/o de televisión, a su disposición para hacer cualquier cosa (incluso dejar de comer) con tal de verse como los modelos o como sus artistas favoritos, y del consecuente aumento de casos de jóvenes con trastornos alimentarios, se han iniciado campañas preventivas prohibiendo, por ejemplo, que aparezcan en las pasarelas mujeres extremadamente delgadas o fomentando la aparición de personas con peso normal o incluso con sobrepeso. Aun así, las imágenes relacionadas con el éxito y la felicidad siguen siendo las de gente con una bella apariencia y la belleza sigue estando fundamentada en la delgadez.

De hecho, los modelos profesionales, constituyen un sector con alto riesgo de desarrollar trastornos de la conducta alimentaria, pues deben mantenerse dentro de estándares establecidos y, por extraño que parezca, son precisamente estas personas quienes, según los resultados de algunos estudios, se sienten más insatisfechas con su cuerpo y su peso. Sin embargo, las mujeres y hombres que los observan están convencidos de que por ser bellos y aparecer en la televisión, el cine o las revistas, son felices y se sienten contentos consigo mismos. Dicho así, los jóvenes son víctimas de un engaño, pues la felicidad no se mide en kilos y la mejor prueba de ello son las personas que pesan "lo que deben pesar" y aun así, son infelices.

Debemos tomar en cuenta que los medios masivos de comunicación no sólo muestran cuerpos ideales, también promocionan una serie infinita de formas para obtenerlos, observamos una alta frecuencia de anuncios de productos *light*, cremas, jabones, pastillas, tratamientos de belleza, cirugías, aparatos para hacer ejercicio, etcétera, todo lo que se pueda relacionar con adelgazar y estar en buena forma. Una vez más nos exponen a un engaño que, en este caso, consiste en hacernos creer, primero, que podemos cambiar radicalmente la forma de nuestros cuerpos y, segundo, que ese cambio puede ser mágico y casi milagroso, llevarse a cabo sin esfuerzo y, por supuesto, sin correr un gran peligro.

En la mayoría de las revistas podemos encontrar suplementos especiales sobre dietas o ejercicio, artículos sobre cómo adelgazar, tips para eliminar la celulitis, guías para tener una alimentación saludable, reportajes sobre cirugías plásticas, y este tipo de información también es cada vez más frecuente en revistas dirigidas a la población masculina. Hasta hace algunos años ni siquiera existían revistas de moda o "para estar en buena forma" dirigidas a hombres. De hecho, se ha encontrado una relación directa entre la insatisfacción corporal y el deseo de adelgazar con la cantidad de revistas que se compran y la frecuencia con la que se leen, es decir, que cuanto más frecuentemente se leen revistas de moda, para estar en buena forma e, incluso, de chismes, habrá una mayor insatisfacción con la propia figura y más deseos de cambiarla.

La televisión juega un papel primordial en estos procesos de disgusto con nuestra apariencia. A diferencia de los medios impresos, en la televisión no sólo se ven imágenes de gente bella y esbelta, también se hacen comentarios explícitos acerca de lo importante que es tener cierta apariencia. Los héroes y las heroínas son apuestos, fuertes, delgados, mientras que los villanos o los personajes secundarios no necesariamente tienen estas características. Eso sí, un feo o un gordo nunca serán el personaje central, a menos que se haga mofa de él o salvo contadas e intencionales excepciones.

Los medios de comunicación, por tanto, están estrechamente relacionados con los trastornos de la conducta alimentaria, y los síntomas se agravan en la medida que los jóvenes pasan más tiempo frente a la televisión o leen con mayor frecuencia ese tipo de revistas. Quienes están más expuestos a la información transmitida por los medios de comunicación y son susceptibles a desarrollar algún trastorno de la alimentación suelen tener autoestima más baja, mayores niveles de depresión, ansiedad e insatisfacción. Es más, los estados de ánimo se tornan más negativos después de la exposición a imágenes publicitarias que presentan modelos delgadas; es común que esto genere vergüenza, culpa, enojo e inseguridad. En cambio, cuando las imágenes presentan personas con peso normal o con cierto sobrepeso, las emociones tienden a mantenerse estables, es decir, no varían o hasta pueden tornarse más positivas.

En función de lo anterior, podemos afirmar que el gran peligro que representan los medios masivos de comunicación es que la información que trasmiten resulta motivadora para los jóvenes, pues al compararse con los modelos que aparecen en las revistas o la televisión y suponer que pueden hacer que sus cuerpos luzcan de esa manera, se sienten animados y deseosos de llevar a cabo cualquier tipo de conducta o acción con tal de conseguirlo, exponiéndose con ello a reacciones poco saludables.

Resumiendo, el desarrollo de trastornos de la conducta alimentaria guarda estrecha relación con estereotipos presentados por los medios masivos de comunicación, los cuales generan una serie de emociones en quienes los miran; les hace centrar su atención en la apariencia física, compararse con lo que observan y sentirse insatisfechos, poco adecuados, feos y avergonzados.

Por ello, es importante concientizar a nuestros hijos de que no toda la información que ofrecen los medios masivos de comunicación es cierta y de que para alcanzar el éxito o la felicidad, existen cosas mucho más importantes que la apariencia.

¿En que consisten la anorexia, la bulimia y el comer compulsivo?

Los trastornos de la conducta alimentaria constituyen un síntoma, una señal de que algo está mal y son muchas las cosas que pueden estar mal en las personas que sufren este tipo de padecimientos. Pueden no sentirse aceptados por su grupo social, creer que no son suficientemente buenos, hábiles o inteligentes, que su autoconcepto y su autoestima no son adecuados, que tienen dificultad para establecer relaciones interpersonales, que se sienten inseguros o desprotegidos, que no saben manejar su ansiedad o se sientan incapaces de enfrentarse a los problemas de la vida cotidiana. Cualquiera que sea el caso, el malestar se refleja en el cuerpo y generan la idea errónea de que si logran cambiar su apariencia, el malestar desaparecerá. Es decir, la preocupación por el cuerpo y el peso constituyen una distracción; como si fuera más sencillo pensar en modificar la apariencia que enfrentarse a la conflictiva interna. En este sentido, el problema no lo constituyen los kilos, sino lo mal que se siente la persona consigo misma, independientemente de su apariencia. Si el problema en realidad fuera el peso, bastaría con bajar o subir lo adecuado para sentirse bien, pero en estos casos, independientemente de cuánto se consiga modificar la apariencia, la inconformidad y el malestar persisten. Entonces, para curarse, es necesario comprender cuál es realmente el problema.

Aunque todos los trastornos de la conducta alimentaria obedecen a una profunda insatisfacción consigo mismo, cada tipo tiene sus particularidades su propia sintomatología a pesar de que pueden aparecer simultáneamente características de varios de ellos. No obstante, por lo general predomina uno u otro. A continuación se describe cada uno.

Anorexia

La palabra *anorexia* es el término médico utilizado para hacer referencia a un trastorno de la conducta alimentaria que consiste en comer muy poco o no comer en absoluto. Cuando una persona deja de comer, se dice que está pasando por un periodo de anorexia. Podemos dejar de comer un par de días si estamos muy tristes o angustiados, cuando estamos internados en un hospital y hasta cuando tenemos gripe, y no por eso tenemos un trastorno de la conducta alimentaria. Es por ello que los médicos hacen una diferencia entre anorexia y *anorexia nerviosa* o *nervosa*. Una vez aclarado el punto y dado que el presente texto es sobre trastornos de la conducta alimentaria, hablaremos de la anorexia nerviosa utilizando únicamente el término *anorexia*.

La anorexia empieza cuando los jóvenes están, o suponen estar pasados de peso y deciden hacer dieta. Querer adelgazar no es malo; tampoco lo es ponerse a dieta; el problema inicia cuando, una vez que baja los kilos que quería o necesitaba bajar, el joven continúa sintiéndose gordo e inconforme y empieza a cuidarse en exceso, a hacer cada vez más y más dietas o a comer cada vez menos variedad de alimentos. Aunque este padecimiento es mucho más frecuente en las mujeres adolescentes, también puede presentarse en hombres, niños pequeños y adultos jóvenes.

Las personas que tienen anorexia dejan de comer por temor a engordar. No importa cuán flacas sean; creen que están gordas o que tienen que bajar "sólo un poco más". Como ya se dijo, empiezan haciendo una dieta y, cuando la terminan, no vuelven a comer correctamente, siguen cuidándose, comen poco o no toman alimentos que suponen que engordan. Conforme pasa el tiempo, comen cada vez menos y adelgazan cada vez más, pero en la medida en que adelgazan, se les nota más a disgusto con su apariencia, pues sienten que no adelgazan lo suficiente o que fácilmente suben de peso, por lo que empiezan a generar un profundo temor hacia la comida y aunque tengan hambre o antojo, se privan de los alimentos. Esto los vuelve irritables, impacientes e intolerantes; además, como no se alimentan adecuadamente, se debilitan, se ven tristes, callados y enojados. En estas condiciones, se refuerza la idea de que tienen que adelgazar, pues generan la creencia de que su infelicidad se debe a su supuesta gordura y están convencidos de que sólo estar delgados les hará conseguir la felicidad que tanto desean.

Durante este proceso de dieta continua, quienes tienen anorexia sufren mucho, pues aunque no comen si tienen hambre; se les antoja la comida pero se sienten incapaces de autodisciplinarse lo suficiente o de demostrar la fuerza de voluntad necesaria para no subir de peso y, entonces, prefieren no comer que arriesgarse a no poderse controlar, comer mucho y engordar.

Para que nadie los moleste diciéndoles que están muy flacos o que tienen que comer más, empiezan a tomar algunas medidas para ocultar su anorexia. Por lo general, engañan a la gente que está cerca de ellos haciéndole creer que comen, y siempre tienen una explicación de por qué no comen más: se sienten mal, desayunaron mucho, no les gusta lo que les ofrecen, tienen prisa, están muy llenos, les cayó pesado, comieron en la escuela, etcétera. Otras veces esconden o tiran la comida, la esparcen en el plato o la parten en trozos muy pequeñitos para que parezca que comieron.

Desde que se empiezan a hacer dietas hasta que la salud entra en riesgo suelen pasar varios meses, depende de la velocidad con la que se retiren los alimentos. Generalmente rechazan la comida poco a poco, hasta que la variedad se reduce al mínimo. Casi siempre los alimentos se retiran en función de las creencias que existen acerca de sus propiedades calóricas, es decir, que dejan de comer algunos alimentos porque creen que engordan y terminan por desayunar, comer y cenar sólo unas cuantas cosas. Lo más común es que empiece por suprimir el pan y las tortillas, los dulces y las grasas; quieren comer únicamente pollo, pescado, verduras y algunas frutas, llegando a reducir tanto la variedad, que consumen sólo unas pocas verduras (como lechuga, pepinos o calabazas), algunas frutas (como piña, manzana y naranja) y algunos productos lácteos bajos en grasas como yogurts, queso fresco o los derivados de la soya. Se preocupan constantemente por contar calorías y por conseguir en el mercado productos que les gusten pero que "no engorden". La elección de los alimentos que pueden comer suele basarse en ideas equivocadas acerca de lo que engorda y lo que no. Cuentan las calorías sin recurrir a criterios nutricionales exactos y acaban por comer tan mal, que su rendimiento disminuye y se afecta su salud.

Muchas veces quienes tienen anorexia se ven obligados a abandonar sus actividades debido a la extrema debilidad que le causa su desnutrición; también sus relaciones sociales se alteran considerablemente, pues se sienten siempre en desventaja frente a los otros, sobre todo frente a sus amigos. Creen que son feos y que están gordos en comparación con los demás, y prefieren no enfrentar situaciones en las que los puedan molestar con cosas como "¡qué mal te ves!", "¿estás enfermo?", "deberías comer más…". Es por ello que prefieren aislarse y, como por lo general están deprimidos, no sienten ganas de platicar ni de arreglarse. Prefieren usar ropa gruesa y muy floja para disimular su supuesta gordura o para que nadie note que han adelgazado, y porque la temperatura de sus cuerpos baja debido a la falta de calorías y siempre tienen frío.

Llegan a suponer que se ven tan mal, que la gente no los quiere y que no les salen las cosas porque están gordos; identifican lo "desagradable" de sus cuerpos como el motivo de que nada sea como esperaban. Piensan que si no consiguen bajar de peso es por falta de disciplina y fuerza de voluntad, porque "ni para eso sirvo", y creen que todo sería mejor si estuvieran flacos. Consideran que su éxito en la vida depende de llegar a pesar poco, y cuando alcanzan ese peso y siguen sintiéndose mal, argumentan que no fue suficiente y que necesitan pesar menos. Todo esto los hace senir tan enojados, que frecuentemente buscan formas de autocastigo que van desde privarse de actividades que les gustan hasta lastimarse cortándose, rasguñándose, quemándose o golpeándose. Hacen "promesas" como seguirse lastimando o privando de lo que les gusta hasta que sean capaces de no comer absolutamente nada o hasta alcanzar su peso meta. La sensación de hambre, aunque desagradable, se convierte en una especie de placer, pues les demuestra que son capaces de lograr su cometido, de someter a sus cuerpos y de ignorar sus instintos y necesidades, lo cual probaría el estricto control que, a diferencia de los demás, ellos pueden ejercer sobre sí mismos, lo cual los hace sentir muy orgullosos.

Una vez declarada la anorexia y en la medida que avanza, desaparece la menstruación o se presentan irregularidades en el ciclo en el caso de las mujeres, mientras que los hombres sufren alteraciones hormonales menos evidentes pero igualmente importantes que los pueden hacer sentir faltos de energía, irritables o que pueden producir cambios en su piel o su sudoración.

La falta de nutrientes produce deficiencias metabólicas importantes. Algunas de las consecuencias más comunes son desmayos, mareos, dolores de cabeza y de estómago, caída del cabello, resequedad en la piel, y aparición de vello en el cuerpo. Se rompen las uñas, se maltrata el esmalte de los dientes (incluso pueden caerse); el cuerpo, en su totalidad, se vuelve muy frágil y los huesos se rompen con facilidad. Como el sistema inmunológico está debilitado, se contraen enfermedades con mucha facilidad, y cualquier malestar menor, como resfriados, o infecciones virales leves, provoca grandes molestias y el proceso de recuperación es más lento de lo normal.

La apariencia de las personas con estados de anorexia avanzados se caracteriza porque suelen estar ojerosos, sus facciones se vuelven angulosas, los ojos se ven saltones y su piel adquiere el tono grisáceo característico de la anemia y la desnutrición. La mandíbula se ve salida y los dientes grandes; es posible apreciar los huesos de las clavículas, la cadera y las costillas. Los pies y las manos se ven azulosos debido a la mala circulación. Tienen muy poco cabello, pues se les cae. Esta enfermedad, en su grado más grave, puede provocar la muerte, casi siempre debido a paros cardiacos, ya que como no hay nutrientes en la sangre, ésta se adelgaza, pierde consistencia y se vuelve similar al agua. Por su falta de consistencia, el corazón no puede bombearla adecuadamente y se detiene. Además, como ya dijimos, la debilidad extrema los vuelve susceptibles a adquirir diferentes enfermedades, y su estado de desnutrición les impide llevar a cabo el proceso de curación, así que algunas veces también mueren por enfermedades que, en otras circunstancias, se combatirían sin mayores contratiempos.

Las habilidades de pensamiento también se afectan, pues el cerebro sufre las consecuencias de la falta de alimento; no recibe suficiente glucosa, ni oxígeno ni agua, así que se deshidrata al grado de cambiar su forma. Como consecuencia, trabaja con lentitud (también por eso se presentan los mareos y desmayos). Las habilidades que resultan más afectadas son la memoria (incluso para cosas simples), la organización, la atención, la concentración y, en general, la posibilidad de llevar a cabo operaciones mentales de cualquier tipo (como sumar, multiplicar, analizar información y resolver problemas), por lo que es común que los jóvenes dejen la escuela y que los adultos tengan dificultades en sus trabajos.

Como la comida y el peso se convierten en los temas alrededor de los cuales giran todos los intereses de las personas con anorexia, sólo piensan en la comida, las calorías, sus consecuencias, el exceso de peso y su apariencia, por lo que se olvidan de poner atención a otro tipo de asuntos o simplemente dejan de interesarles.

Anímicamente se ven mal, pues no tienen energía para realizar las actividades diarias, se alejan del grupo de amigos porque se sienten incomprendidos, suelen estar tristes, irritables, enojados, decepcionados, inconformes e insatisfechos. Pueden pasar por periodos en los que aparentemente todo está bien y se sienten extremadamente contentos, aunque en realidad siguen inconformes consigo mismos.

El manejo clínico de las personas que sufren de anorexia es mucho más complicado cuando empiezan a tratarse una vez establecido el padecimiento, por lo que es importante detectarla en sus primeras fases y buscar ayuda. Como cualquier otra enfermedad, si es detectada con los primeros síntomas, cuando empieza a desarrollarse, se cura con más facilidad y es menos probable que haya recaídas. No obstante, e independientemente de cuándo empiece el tratamiento, las personas que padecen de alguna enfermedad alimentaria deben atravesar por un proceso largo y difícil, por lo que es importante que estén en manos de un experto y siempre se tenga en cuenta que, aunque se cura, existe el riesgo de una recaída. Aun así, todas las alteraciones que se producen (físicas, emocionales, cerebrales, etcétera) como consecuencia de la anorexia suelen corregirse cuando el afectado se cura y vuelve a alimentarse.

Es *muy* importante recordar que dejar de comer es un trastorno de la conducta alimentaria si, y sólo si, se deja de comer por miedo a engordar, para bajar de peso o porque no se está conforme con la forma del cuerpo.

Bulimia

Lo que provoca bulimia es también el deseo de adelgazar y el miedo a engordar, pero quienes la sufren, por lo general están en su peso adecuado o un poco por encima de él. Esta enfermedad también suele empezar con una dieta pero, como a quienes la padecen les cuesta mucho dejar de comer y no están dispuestas a reducir la cantidad de alimentos que ingieren, buscan la forma de seguir comiendo sin engordar. Entonces, no se retiran alimentos de la dieta cotidiana ni disminuye su ingesta y, por contradictorio que parezca, a pesar del miedo a subir de peso aumentan el consumo de los "engordantes" (pasteles, galletas, pan, etcétera). Esto sucede porque al no conseguir dejar de comer, se desesperan y enojan tanto, que empiezan a consumir en exceso justamente aquello que suponen les va a engordar; lo hacen a manera de castigo, como una forma de decir: "no me importa, yo como todo lo que quiero". Sin embargo, después de comer en exceso, se sienten muy mal por no haberse controlado.

Como las personas bulímicas suelen ser impulsivas, es decir, no tienen mucho control sobre lo que hacen, es frecuente que coman sin límite, generalmente a escondidas, y muchísimo más de lo que la mayoría podría comer en el mismo lapso. A comer excesivamente, de manera rápida y sin parar, en un lapso corto es lo que se llama *atracón*. Comer de más, comer mucho o comer sin hambre no es un atracón, sólo lo es si se hace rápido, con desesperación, a escondidas y si se ingiere más de lo que cualquier persona podría comer.

Cuando el bulímico comió mucho o se dio un atracón, se siente culpable, enojado, sabe que lo comido le hará engordar, y esto es lo que menos quiere, y siente la necesidad de hacer algo para que esa comida no les engorde. Así, los atracones están seguidos por el uso de laxantes, diuréticos o por hacer ejercicio de manera exagerada. La bulimia no se caracteriza sólo por comer y vomitar, sino por comer muchísimo y luego hacer cosas para no engordar, aunque efectivamente, lo más común es el vómito.

Vomitar, usar laxantes, diuréticos o hacer ejercicio en exceso se llama *conducta compensatoria;* entonces, la bulimia implica comer (ya sea de manera normal o en forma de atracón) y después llevar a cabo conductas compensatorias para anular el efecto "engordante" de la comida, no subir de peso e incluso, si es posible, adelgazar.

Cuando empieza la enfermedad, se realizan conductas compensatorias sólo de vez en cuando, por lo que parecen perfectamente controlables, pero poco a poco aumenta su frecuencia, hasta que dejan de serlo. Por ejemplo, en el caso del vómito (que es la conducta compensatoria más común), los bulímicos suelen estimularse introduciendo los dedos en la boca o tomando brebajes desagradables, pero llega un momento en que vomitan tan seguido (varias veces al día), que ya no hace falta provocarlo, pues el estómago termina por rechazar la comida aun cuando no exista el deseo de vomitar. En fases avanzadas, el vómito llega con sólo agacharse o tomar alimentos, independientemente de si se come mucho o poco. También el consumo de diuréticos y laxantes se vuelve cada vez mayor porque dejan de surtir efecto. Cuando el vómito se induce después de comer poco (incluso después de comer sólo una galleta), es necesario hacer tanto esfuerzo que muchas veces provoca sangrado, mientras que el uso de laxantes produce inflamaciones importantes en el área abdominal.

Cuando se padece bulimia, entonces, no se puede dejar de comer, pero hacerlo produce muchísima ansiedad y culpa, por lo que quienes la padecen deben luchar constantemente contra su deseo de comer, sus impulsos y su necesidad de adelgazar, y viven tan enojados consigo mismos y con su situación que también pueden lastimarse. Además, su característica impulsividad se agrava y es posible que cometan actos sin control en otras áreas de su vida. Por ejemplo, tienen enfrentamientos importantes con los demás, pueden asumir una actitud promiscua en la sexualidad o incurrir en robos pequeños y otros delitos menores.

Aunque con esta enfermedad no se adelgaza tanto como con la anorexia (es posible que ni siquiera se adelgace), también genera problemas de salud importantes. Aunque los bulímicos suponen que vomitar no es tan grave y que lo poco que comen es suficiente para mantenerse sanos, la realidad es que a pesar de no ser delgados, son personas mal alimentadas porque el vómito y/o los laxantes y diuréticos no dejan que lleguen suficientes nutrientes al cuerpo, mientras que el ejercicio excesivo junto con la mala alimentación, produce debilidad generalizada. Debido a ello, aunque exista sobrepeso real, los atracones y las conductas compensatorias pueden producir estados graves de anemia. Además, su estado físico se deteriora (aunque no con la rapidez de la anorexia) de manera importante. Por lo general, sufren dolores de estómago y garganta debido a la acidez del vómito, que provoca daños graves en el estómago y el esófago, como gastritis y úlceras gástricas, acaba con el esmalte de los dientes y provoca caries y mal aliento. Presentan también debilidad, desgano, dolores de cabeza, palidez, resequedad de piel y uñas y caída de cabello. Se modifica la producción normal de ácidos gástricos y los sangrados son frecuentes. A veces se pueden observar laceraciones en los dedos y el dorso de las manos, pues las utilizan para provocar el vómito. La bulimia, en casos extremos, también puede llevar a la muerte, por lo general, debido a estallamiento de vísceras o porque se revientan las úlceras gástricas provocando fuertes hemorragias.

Su carácter y el estado de ánimo también se modifica, se vuelven muy irritables, impulsivos y agresivos. Tienen dificultad para hacer amigos y para mantener relaciones sociales, pues en nuestra sociedad, muchos de los encuentros con familiares y amigos se llevan a cabo alrededor de la comida, y para los bulímicos eso implica un problema obvio, mucho más cuando después de tomar los alimentos es necesario "desaparecer" durante varios minutos para vomitar. Así, para evitar dar explicaciones o exponerse al juicio de los demás, prefieren aislarse.

Es frecuente que estén enojados, angustiados, ansiosos y deprimidos pues se sienten incomprendidos (sobre todo en sus prácticas compensatorias) y, por tanto, que no encajan en ninguna parte. Es por ello que algunas veces se forman, de manera natural, entre los amigos, "grupos para vomitar", ante la necesidad de estar con personas que comprendan esta acción y que no la critiquen. Otro motivo por el que se alteran sus relaciones sociales es por su constante irritabilidad e impulsividad, que ha veces llega hasta la violencia física y las agresiones.

El cerebro también sufre modificaciones, aunque menos evidentes que las que se observan en la anorexia. Sin embargo, las alteraciones de pensamiento son similares e igualmente importantes. Como consecuencia de la bulimia, se presentan problemas de atención y fallas en la memoria y la concentración, pero la mayor afectación puede ser la impulsividad, pues tienden a responder de manera inmediata, sin detenerse a pensar en la solución adecuada para cada problema, lo que frecuentemente les hace cometer errores.

Muchas veces, los enfermos pasan por unos periodos de anorexia y otros de bulimia, y el diagnóstico se establece según el tipo de síntomas más frecuentes, pero es raro encontrar casos puros de una u otra. Otras veces no predominan síntomas de ninguna de las dos o no se cumplen todas las condiciones necesarias para caracterizar a una u otra. Estos casos son diagnosticados como *trastornos no especificados*.

Comer compulsivo

Los comedores compulsivos suelen estar pasados de peso y aunque tienen deseos de adelgazar, tratan de aparentar que están conformes con su figura. Insatisfechos con muchos aspectos de su vida, encuentran en la comida un falso consuelo, y tratan de suplir la sensación de vacío y falta de cariño, respeto o consideración, "llenandose" de comida.

El comer compulsivo se caracteriza por atracones frecuentes. Como ya dijimos, un atracón implica comer sin control cantidades mucho mayores a las que pueden consumir otras personas en el mismo tiempo. Un atracón puede durar unos cuantos minutos o incluso varias horas. Por lo general, para los atracones se prefieren comidas de las que llamamos "engordantes", como panes, chocolates, galletas, helados, frituras, etcétera, es decir, los comedores compulsivos optan por los alimentos "prohibidos" en los regímenes para adelgazar pues, al igual que en la bulimia, es un intento por aparentar que no les importa ingerir los alimentos más "sabrosos". Además, los carbohidratos (que son los compuestos principales de este tipo de comida) dan energía, por lo que la sensación de bienestar se puede considerar real aunque dure sólo unos cuantos minutos; como el bienestar que buscan no está en la comida, inmediatamente después sobreviene una gran culpa porque, en el fondo, se sienten gordos y desagradables. La culpa produce ansiedad y la ansiedad deseos de comer, lo que convierte este ciclo en un problema sin fin. Los comedores compulsivos pueden ingerir una cantidad tan grande de comida, que en muchas ocasiones el atracón termina sólo cuando empiezan a producirse calambres y dolores estomacales o cuando, simplemente, no hay más para comer.

Los comedores compulsivos suelen recurrir a la comida sin tener hambre cuando se sienten tristes, enojados, culpables, nerviosos, etcétera, pues así obtienen falso consuelo y bienestar, pero después del atracón, haber perdido el control los torna irritables, depresivos y ansiosos. Los atracones suelen suceder en soledad y a escondidas, debido a lo vergonzoso que resultan y a que no quieren exponerse a los comentarios de los demás. Cuando son obesos deben enfrentarse a las críticas y al rechazo, a las miradas de juicio de los extraños, y escuchar constantes comentarios acerca de su peso, su figura y lo buena que sería hacer una dieta, lo cual los deprime aún más y los vuelve más ansiosos e irritables al sentirse incomprendidos y atacados. Por lo general las personas no saben que quien come de más sufre una problemática interior y que, para superarla, no basta la fuerza de voluntad.

Dado que la característica del comer compulsivo son los atracones, también recibe el nombre de *trastorno por atracones*, y su gran diferencia con la bulimia es que en este padecimiento no se lleva a cabo ningún tipo de conducta compensatoria. Es importante dejar claro que se puede comer en exceso y ser obeso y no por eso padecer un trastorno alimentario de este tipo. Sólo puede considerarse comedor compulsivo a quien recurre a los atracones para disminuir el malestar consigo mismo. No todos los obesos son comedores compulsivos ni todos los comedores compulsivos son obesos (por lo menos no al principio); personas con peso normal pueden padecer este trastorno y si no llegan a la obesidad es porque los atracones no se presentan con la frecuencia necesaria para producir un aumento importante de peso. No obstante, lo más común es que tarde o temprano el padecimiento lleve al exceso de peso y la obesidad.

Las deficiencias en el pensamiento no son síntomas que acompañen a este trastorno alimentario, pues si las capacidades de pensamiento se alteran, a diferencia de la bulimia y la anorexia, no es por el peso o el mal funcionamiento metabólico, sino por la depresión y la ansiedad. Las fallas más comunes entre los comedores compulsivos se presentan a nivel de concentración, atención y memoria, que son las funciones que con más facilidad se alteran cuando pasamos por momentos emocionalmente adversos.

Tratándose de un trastorno por atracones, quienes lo sufren tienen poco control de sí mismos; al igual que los bulímicos, los comedores compulsivos son impulsivos, pero no suelen ser violentos o agresivos porque, por lo general, su estado de ánimo está disminuido, tendiendo a la depresión. Cuando están con los otros, suelen ser muy expresivos aunque superficialmente comunicativos, tratan constantemente de aparentar que son felices para que no los molesten, pero en realidad se sienten mal con su figura e insatisfechos con su apariencia, característica que comparten con la bulimia y la anorexia. La diferencia radica en que el comedor compulsivo no hace nada por adelgazar, pues cree que no puede hacerlo y porque se niega a abandonar el placer que le produce comer, que considra lo único realmente grato en su vida. Si intenta hacer dietas, las rompe con facilidad, lo que refuerza su idea de que no es capaz de hacer algo. Es muy frecuente que el comedor compulsivo empiece dietas para darle gusto a los otros o para que no lo molesten más, pero siguen comiendo a escondidas; evidentemente no adelgazan, y eso les da el argumento perfecto: "ninguna dieta me sirve".

Por un lado, el comedor compulsivo se siente impotente y, por el otro, se convence de que lo es, y eso le hace "abandonarse" a la comida aunque sabe que eso, a la larga, se reflejará en su peso y le hará sentir peor aún. Suelen pensar que engordar "un poco más" no hará ninguna diferencia y de todas formas son incapaces de adelgazar. Muchas veces acaban por descuidar su imagen, la forma en que se visten, porque les es difícil encontrar ropa; dejan de poner atención en su higiene personal, entre otros, situación que los aísla de su círculo social.

Pueden llegar a tener problemas físicos importantes, no por el trastorno alimentario mismo, sino debido a la obesidad que, como ya se dijo, está muy relacionada con el comer compulsivo. Los obesos sufren dolores en rodillas y tobillos, cadera y espalda debido al sobrepeso que la estructura ósea debe soportar; comúnmente padecen diferentes trastornos gástricos, que van desde dolores abdominales hasta gastritis, colitis y dificultades digestivas de todo tipo. Son más propensos a desarrollar diabetes, y casi siempre presentan trastornos circulatorios y cardiacos importantes. Se cansan con facilidad, sufren de falta de aire y su movilidad se reduce al mínimo.

¿Por qué se desarrollan los trastornos de la conducta alimentaria?

Son muchos y muy diversos los factores que pueden influir para que se establezca un trastorno de la conducta alimentaria y, por lo general, están asociados a una seria sensación de inseguridad, ineficacia, impotencia y malestar.

Aunque es importante cuidar nuestra apariencia y es una buena costumbre que debemos inculcarle a nuestros hijos desde pequeños (cuidar su aseo personal, vestirse adecuadamente, etcétera), es posible que al llegar a la adolescencia o a veces un poco después, los jóvenes lleven al extremo el deseo de verse bien y estén en riesgo de desarrollar un trastorno de la alimentación.

Aunque desde la infancia pueden establecerse patrones de alimentación poco saludables, la pubertad y la adolescencia, es decir entre los 11 y los 20 años de edad, en el momento de mayor riesgo para desarrollar este tipo de padecimientos, debido a que los jóvenes se sienten inconformes, insatisfechos, incomprendidos y suponen que la causa de su malestar es que no son suficientemente atractivos y que, si no se gustan a sí mismos, mucho menos gustarán a los demás. Esto les hace pensar que si bajan de peso o tienen determinado aspecto físico alcanzarán la felicidad y la tranquilidad, sin darse cuenta de que esto es completamente falso y que su insatisfacción se debe a otro tipo de problemas.

En buena parte de los casos, esta idea proviene de la información recibida a través de los medios de comunicación y, otras veces, de lo que los jóvenes aprenden y escuchan en casa. Los anuncios de la televisión y las revistas, los contenidos de las películas, los espectaculares, están llenos de mensajes que le hacen pensar que el más exitoso es el más guapo, el más delgado, el de musculatura mejor marcada.

También es común que los chicos escuchen es sus hogares comentarios negativos referentes a la apariencia física, lo cual les inculca que serán rechazados si no se adecúan a lo que se espera de ellos; el problema se vuelve aún mayor porque gran parte de las veces ni siquiera saben con qué tienen que cumplir, cómo tienen que ser o qué deben hacer para ser aceptados, reconocidos y queridos, y pierden de vista que no necesitan hacer nada ni ser de ninguna forma en particular para conseguir el reconocimiento delas personas importantes para ellos.

Es innegable que la delgadez se ha convertido en un valor muy apreciado en las sociedades actuales y que tanto hombres como mujeres se sienten presionados y obligados a tener el físico perfecto. Sin embargo, definir lo "perfecto" es complicado, ya que es el entorno cultural el que determina qué es atractivo y qué no lo es. Durante mucho tiempo, por ejemplo, las mujeres con cuerpos voluminosos fueron consideradas mucho más atractivas que las delgadas, pero la influencia de los mensajes que recibimos de nuestro entorno social son determinantes, modifican nuestra manera de pensar y de unos años a la fecha se ha impuesto la idea de que la apariencia física es fundamental para el atractivo romántico y para alcanzar el éxito profesional y la felicidad, lo cual ha ocasionado que el deseo por tener un cuerpo similar al de los modelos sea una fuerte presión. La industria de los alimentos *ligth*, bajos en grasas y sin calorías se ha constituido como uno de los grandes pilares de la economía mundial; está de moda "comer sanamente" (aunque muchos no sepan lo que eso significa) y se estimula hacer ejercicio y llevar una vida "saludable" que permita ser delgado y mantenerse "en buena forma". Esto aumenta la probabilidad de que una persona vulnerable desarrolle un trastorno de la conducta alimentaria.

El ambiente familiar influye no sólo por la importancia que se da a la apariencia física, sino por los problemas en las relaciones entre los miembros de la familia, ocasionados por la dificultad de los padres para aceptar que sus hijos han crecido o por la incapacidad que sienten para controlar, cuidar y educar a los hijos cuando empiezan a hacerse mayores. Muchas veces es difícil adaptarse a cada una de las etapas por las que atraviesan los jóvenes porque los cambios producen confusión. Resulta muy complicado determinar cómo actuar, qué decir, cómo ejercer la disciplina, etcétera. Además, cuando los hijos empiezan a volverse independientes, los padres sienten temor de los riesgos que pueden correr cuando no están bajo su cuidado y supervisión.

Las preocupaciones acerca del manejo de los hijos y de los peligros (supuestos o reales) son normales en todos los padres; si se saben manejar, pueden reportar beneficios a la familia, pero llevados al extremo pueden llevar a actitudes sobreprotectoras, que provocan en los jóvenes una profunda sensación de incapacidad para afrontar los conflictos de manera abierta e independiente, por lo que se vuelven temerosos y poco eficaces.

En contraste, es posible que algunas familias olviden que sus hijos adolescentes, aunque hayan crecido, necesitan mucho apoyo, cariño, guía y protección, y se vuelvan poco cuidadosas y afectivas. Esta actitud, lo mismo que la anterior, puede entorpecer el proceso de comunicación en la familia, lo que genera conflictos y poca unión entre sus integrantes. Es por ello que cuando los padres nos sentimos confundidos y no sabemos si estamos actuando bien o perjudicando a nuestros hijos, vale la pena pedir el consejo de un experto.

También sucede que, cuando existe una mala relación entre los padres, la pareja se concentra tanto en sus problemas que se aleja de los hijos y ni siquiera se den cuenta, si tienen problemas psicológicos o de salud, lo que produce un mayor deterioro en las relaciones familiares y un gran peligro para los jóvenes, que quedan realmente desprotegidos, poco apoyados, nerviosos y preocupados por su futuro y el de su familia.

Debemos tomar en cuenta que existen características psicológicas individuales que no tienen que ver necesariamente con el funcionamiento de la familia, pero que pueden poner a los adolescentes en mayor riesgo para desarrollar algún trastorno de la conducta alimentaria. En la mayoría de los casos, estos padecimientos aparecen en personas que presentan un exceso de ansiedad, son aprensivas, se sienten inseguras de sus acciones o decisiones y suponen que no son aceptados y que no encajan en ningún grupo. Tienden a la depresión, la impulsividad, el perfeccionismo y la búsqueda constante de la aprobación de quienes los rodean. Estos rasgos de personalidad pueden condicionar una mayor preocupación por la apariencia física y por ende, por el peso.

Desde que nacemos, y sin darnos cuenta, vamos incorporando una serie de hábitos respecto a la comida. Comemos en ciertos horarios, ciertos alimentos y bajo ciertas circunstancias. Mientras estos hábitos se establecen, también agregamos conocimientos acerca de la comida, como qué debemos comer y qué no, qué hace daño, qué es saludable y, sobre todo, aprendemos (de manera errónea) que algunos alimentos engordan y otros no. Cuando llegamos a la adolescencia y la alimentación deja de estar bajo la supervisión directa de nuestros padres, queda en nuestras manos la responsabilidad de elegir qué comemos, cuándo y cómo; entonces, es posible que establezcamos patrones de alimentación poco saludables, es decir, que comamos de más o de menos, que no lo hagamos de manera equilibrada. Esto significa, que algunas veces no comemos las proporciones correctas de cada grupo de alimentos y/o que comemos con mucha más frecuencia algunos alimentos que otros, lo cual nos puede hacer engordar, provocar estados de mala nutrición o generar problemas de salud.

Debemos tomar en cuenta que la adolescencia es una etapa especialmente difícil tanto para los padres como para los hijos. El conflicto, en casi todos los casos, se debe a que los jóvenes creen que sus padres son sobreprotectores, autoritarios y que no les permiten independizarse, en tanto que los padres suponen que sus hijos son rebeldes y difíciles de manejar; muchas veces, algunos padres llegan a exagerar en el control que ejercen sobre sus hijos al creer que son infalibles y que conocen perfectamente sus deseos, gustos y necesidades. Este conflicto produce dificultades en la comunicación, sobreprotección y necesidad por parte de los jóvenes de demostrar que son capaces de ejercer control sobre sí mismos y sobre su medio ambiente, y de conseguir lo que se proponen aunque en realidad, en el fondo creen que no pueden. Esto les produce una sensación confusa que los lleva a la convicción de que no tienen ni tendrán control sobre sus vidas, pues son tontos e inútiles y que, en todo caso, la única forma de ejercer ese control es a través de su cuerpo y de la comida que ingieren. Así para los jóvenes, decidir la forma en que se alimentan (aunque sea poco saludable) se convierte en un logro y, por tanto, en la forma de sentirse satisfechos consigo mismos, aunque esta sensación sea momentánea.

En el caso de los comedores compulsivos, el problema radica en que, mientras se establecían sus hábitos alimentarios, aprendieron erróneamente que comer es una buena forma para sentirse tranquilos y contentos. Si además, entre sus rasgos de personalidad existe impulsividad, dificultad para afrontar los problemas y relacionarse con los otros, baja autoestima y tendencia a la depresión, tendrán una sensación constante de inadaptación social que les hará encontrar en la comida una "buena compañía."

Se tienen que conjugar una serie de factores sociales, familiares y personales para que alguien desarrolle un trastorno alimentario. Es por ello que no vale la pena culparse ni buscar culpables.

Este tipo de enfermedades simplemente se produce y muchas veces no está en nuestras manos evitarlo. Lo importante, en todo caso, es cuidar aquellos aspectos que puedan aumentar el riesgo de que nuestros hijos desarrollen problemas alimentarios o, si es el caso, poner atención en los detalles para detectar estas enfermedades a tiempo y poder tratarlas con prontitud. Debemos procurar, además, que la familia se comunique y apoye a sus miembros, para que los hijos desarrollen una buena autoestima y un autoconcepto adecuado al aprender que hay cosas mucho más importantes que el aspecto físico o la figura.

No quiero que mis hijos desarrollen trastornos de la alimentación; ¿qué puedo hacer?

Aunque, como ya vimos, el establecimiento de los trastornos de la alimentación no depende de un factor en particular, durante la infancia podemos tomar algunas precauciones para reducir la probabilidad de que nuestros hijos desarrollen conductas y hábitos que más adelante puedan convertirse en un problema. Dado que los trastornos de la alimentación se originan por cuestiones psicológicas, sociales, culturales y familiares, su estudio y tratamiento resulta complicado, pero, aun así, hay algunas cosas sencillas que los padres podemos hacer para tratar de evitarlos.

A continuación, proporcionaremos algunos consejos para ayudar a crear en su hogar un ambiente que proteja a sus hijos de la anorexia, la bulimia o el comer compulsivo. Aunque crea que son difíciles de seguir, es más sencillo de lo que parece. Inténtelo.

☞ **No sirva demasiada comida.** Los niños son propensos a comer sin hambre y los padres tienden a exigir que coman cantidades mayores de las que necesitan, por lo que es mejor que les sirva pequeñas porciones y que ellos vuelvan a pedir hasta sentirse saciados.

☞ **Permita que sus hijos decidan cuánto deben comer.** Cada niño tiene sus ritmos y sus necesidades. Si cree que sus hijos comen poco o demasiado, procure darles alimentos más nutritivos y saludables. No lo olvide, sólo ellos pueden saber cuánta comida necesitan. Si están creciendo y subiendo de peso adecuadamente, entonces no hay de qué preocuparse. Sólo su pediatra puede determinar si tienen un problema de salud relacionado con su forma de comer.

☞ **Respete los horarios de las comidas en la medida de lo posible.** Todos necesitamos cierto orden en la alimentación para que el organismo funcione adecuadamente. Es por ello que deben existir horarios establecidos para desayunar, comer y cenar. Como los niños hacen mucho ejercicio y están creciendo, necesitan comer un refrigerio entre el desayuno y la comida y otro entre la comida y la cena. Esta merienda también debe tener un horario y estar constituida por comida nutritiva. Si un día no es posible cumplir con ese horario, no se preocupe, no pasa nada.

☞ **Enséñeles a tranquilizarse con otras actividades y no sólo comiendo.** Es común ofrecer comida a los niños cuando lloran o están inquietos, pero es más conveniente darles juguetes o distraerlos de otro modo para que no aprendan que la única forma de obtener bienestar es comiendo.

☞ **Procure disponer los alimentos en forma balanceada.** Para tener salud y lograr una buena apariencia, el secreto está en comer de manera equilibrada. Puede consultar a un especialista para conseguirlo, o recurrir a alguno de los muchos libros disponibles sobre nutrición. Más adelante le daremos algunos consejos al respecto.

☞ **Recuerde que sus hijos tienen sus propias preferencias.** Igual que los adultos, los niños prefieren algunos alimentos y rechazan otros. Trate de que prueben de todo, incluso lo que a usted no le gusta, pero permítales elegir. No los obligue a comer algo que les disgusta. Recuerde, deben aprender a disfrutar de la comida, no a sufrirla o temerle.

☞ **No obligue al niño a comer si no tiene hambre.** Algunas veces, darle un dulce o una galleta lo mantiene tranquilo. Otras veces, le ofrecemos comida atractiva como helados o pasteles y, aunque no tenga hambre, va a comer. No olvide que sólo debemos comer cuando tenemos hambre. Deje que el niño pida la comida, no le enseñe a comer por comer.

☞ **No lo obligue a terminarse la comida del plato.** Es mejor que le sirva cantidades pequeñas, pues obligarlo a terminar todo lo que se le sirve puede resultar en que su hijo vea la comida como un castigo. También recuerde que es normal que algunos días tengamos menos hambre que otros.

☞ **Procure no excederse en el consumo de productos** *light.* Además de que los niños tienen requerimientos nutricionales específicos, si consumimos demasiados productos bajos en calorías, podemos enseñar a nuestros hijos, de manera indirecta, que el resto de la comida es mala o peligrosa.

☞ **No hable constantemente de cuánto engorda la comida.** Los niños pueden aprender que engordar es malo o que ciertos alimentos son perjudiciales. Recuerde que es importante que los niños disfruten la comida y que no generen juicios erróneos sobre sus cualidades.

☞ **No los obligue a comer.** Los niños no pueden comer lo que nosotros queremos ni la cantidad que nos parece adecuada. No debemos forzar a que coman más de lo que desean o alimentos que no les gustan, sobre todo si son niños sanos, en peso y talla correspondientes a su edad. Una vez más, recuerde que sólo el pediatra puede determinar si la alimentación de su hijo es insuficiente.

☞ **No le permita comer únicamente golosinas.** Algunas veces, permitimos que los niños sustituyan las comidas balanceadas por dulces y golosinas. No podemos evitar que consuman ese tipo de productos, pero podemos procurar que lo hagan después de sus alimentos. No debemos obligarlos a comer, pero tampoco podemos permitir que sustituyan la carne, verduras o frutas por la llamada "comida chatarra".

☞ **Demuéstreles su afecto y cariño.** Haga que sus hijos se sientan queridos, apoyados y escuchados. Abrácelos, béselos, dígales cuánto los quiere y lo orgulloso que se siente de ellos. Esto mejorará notablemente su relación y los protegerá de éstos y otros problemas.

☞ **Muestre interés en sus opiniones.** Es muy importante que ellos se sientan importantes e inteligentes, pero sobre todo que les demuestre que le interesan, que los escucha y que se preocupa por ellos. Con esto conseguirá que le comuniquen sus temores, preocupaciones y problemas.

☞ **No olvide que sus hijos pueden tener cosas importantes que decir.** Algunas veces suponemos que los niños o los adolescentes "no saben lo que dicen", pero si los escuchamos con atención, podemos descubrir que en realidad tienen cosas muy interesantes que compartir.

☞ **Fomente que sus hijos hablen de sus sentimientos.** Es importante que los niños aprendan a identificar lo que sienten y que sepan que pueden hablar de ello para sentirse mejor. Se vale estar molestos, tristes o enojados; lo importante es saber de dónde provienen esas sensaciones y qué hacer con ellas.

☞ **Póngale nombre a los sentimientos y sensaciones de sus hijos.** Los niños, en especial los más pequeños, sienten una serie de cosas, algunas agradables y otras desagradables, y muchas veces no saben qué están sintiendo; eso puede hacerlos sentir nerviosos. Ayúdeles con comentarios como "lo que pasa es que estás enojado", "tienes sueño, si te duermes se te quita", etcétera.

☞ **Hable con sus hijos de sus propios sentimientos.** Enséñeles que usted también puede estar triste, enojado, alegre, nervioso, y que no existen motivos para esconderlo. Eso también les ayudará a aprender a manejarse cuando ellos mismos se sientan de esa manera.

☞ **Reconozca sus esfuerzos.** Los niños hacen muchas cosas para conseguir nuestra atención y cariño. También necesitan nuestra aprobación para aprender qué está bien y qué no lo está. Festejar sus logros y decirles cuándo hicieron algo bien, les da seguridad en sí mismos.

☞ **No se dirija a ellos sólo cuando hacen algo mal.** Es común que se ponga más atención a los errores que a los aciertos. Regáñelos cuando sea necesario, pero cuando se estén portando bien o hagan algo les ha pedido, hágales saber que está contento y orgulloso de ellos.

☞ **Confíe en sus hijos.** Confíe también en usted y en la forma en la que los ha educado. Platique con ellos y gane su confianza. No los espíe ni trate de saber absolutamente todo lo que hacen. Ellos también, aunque pequeños, necesitan privacidad.

☞ **Regáñelos con firmeza pero con amor.** Evite utilizar frases como "eres un tonto", "no haces nada bien", "ya no te quiero", etcétera. Los niños deben aprender que aunque se equivoquen o aunque usted se enoje, los quiere y, lo más importante, que siempre tendrán la posibilidad de reparar sus errores.

☞ **Hágales saber que se siente orgulloso de ellos.** Es importante que los niños sepan que no se les pone atención sólo cuando se portan mal o se equivocan, sino que las cosas buenas son más valiosas y que lo hacen sentir muy contento.

☞ **Trate de no hablar despectivamente del físico de las personas frente a sus hijos.** Al hacerlo, ellos pueden aprender, erróneamente, que el aspecto es lo más importante de una persona y que usted se molestaría o avergonzaría de que su apariencia no fuera impecable.

☞ **Enseñe a sus hijos a valorar a otros.** Recuérdeles que existen características (como ser sensible, leal, noble) mucho más importantes que estar delgado o ser guapo y que todas las personas tienen cosas que valen.

☞ **Evite criticarlos.** Es importante que se sientan aceptados y queridos independientemente de sus características o de sus conductas. Si hay algo que le molesta, hábleles directamente y hágales ver que a pesar de eso los quiere, que también ve en ellos las cosas positivas.

☞ **Ponga límites pero también dé a sus hijos libertad.** Aunque es fundamental estar al pendiente de ellos, es importante recordar que no se puede ni se debe controlarlos absolutamente; permita que tomen sus propias decisiones en asuntos importantes para ellos pero que no los pongan en peligro o que no afecten a ellos ni a otros, como decidir la manera en que se visten, cómo acomodan sus cosas, etcétera.

☞ **Permita que tengan privacidad.** Es importante que los jóvenes cuenten con un espacio propio y que se respeten sus propiedades. Permítales tener un cajón con llave o un espacio que les pertenezca sólo a ellos. Deje que estén solos cuando ellos lo necesiten.

☞ **Permita que se equivoquen.** A pesar de que los padres quisieran que nada les saliera mal a sus hijos, es necesario para que puedan aprender de sus errores, que de vez en cuando tomen decisiones, aunque los resultados no sean los más convenientes. No podemos evitar que se equivoquen, pero podemos apoyarlos cuando eso sucede.

☞ **No espere que sean perfectos.** No pretenda que sus hijos consigan las calificaciones perfectas, la apariencia perfecta o un comportamiento perfecto, pues para nadie es posible alcanzar la perfección. Es mejor motivarlos para ser lo mejor que puedan, para que disfruten y se sientan orgullosos de sus logros por pequeños que sean.

☞ **Haga que cumplan con sus responsabilidades, pero no los presione con sus exigencias.** Cuando los niños se sienten presionados, se angustian y se sienten culpables por no alcanzar las expectativas de sus padres. Sea firme, pero recuerde que ni los niños ni los adolescentes han madurado lo suficiente como para adquirir responsabilidades severas o para mostrarse estables en su actuar.

☞ **No le dé excesiva importancia a la apariencia física de sus hijos.** Aunque no le guste la forma en que se visten, o no tengan el cuerpo que usted desearía, deje que ellos decidan qué ponerse, cuándo hacer ejercicio o si ponerse a dieta. No se preocupe sin motivo, todas las modas pasan.

Si desde pequeños inculcamos a nuestros hijos buenos hábitos, cuando sean mayores les será mucho más sencillo vivir de manera saludable y ser felices, pero tengamos siempre presente que lo más importante para un niño es crecer sabiéndose querido, apreciado y escuchado; que es importante crear un ambiente organizado, con horarios y reglas claras. Confíe en su instinto y tomará las decisiones correctas, pero si se siente desorientado(a), no dude en consultar a un especialista. Existen también muchos libros, páginas de internet e incluso programas de televisión muy serios y bien informados, en los que puede apoyarse y conseguir, con ello, mayor tranquilidad en su actuación como padre o madre.

¿Cómo sé si mi hijo(a) ya tiene un trastorno de la alimentación?

Existen algunas conductas y actitudes típicas en los jóvenes que padecen o que pueden llegar a padecer un trastorno de la conducta alimentaria. Ponga atención en las señales, pues todos los jóvenes están expuestos a desarrollar estas enfermedades. Si puede describir la conducta de su hijo(a) con cinco o más frases de las siguiente lista, valdría la pena buscar la opinión de un profesional.

Mi hijo(a):

❏ Dice que está gordo(a), pero yo lo(a) veo delgado(a).
❏ Lleva varios meses a dieta.
❏ Come poco, pero dice que se llena.
❏ Procura pasar mucho tiempo fuera de casa.
❏ Muchas veces, después de comer se levanta de la mesa y va al baño, donde permanece varios minutos.
❏ Está irritable y/o triste.
❏ Come sólo determinados alimentos, pues dice que los otros no le gustan o le hacen daño.
❏ Es poco tolerante y frecuentemente tiene problemas con la gente.
❏ Creo que come demasiado.
❏ Se molesta mucho cuando digo algo acerca de su forma de comer.
❏ Se molesta mucho cuando hablo de su peso.
❏ Suele sufrir de estreñimiento y/u otros problemas estomacales.
❏ Se ve cansado(a) constantemente.
❏ Está irritable.
❏ Ha sufrido mareos y/o desmayos.

❏ Cuando empieza a comer, da la impresión de que no puede parar.

❏ Se pone nervioso(a) cuando es hora de comer.

❏ Come con desesperación.

❏ Cuando tiene algún problema, come en exceso o deja de comer.

❏ Está francamente pasado(a) de peso.

❏ Creo que está extremadamente delgado(a).

❏ Suele usar ropa holgada, no le gusta enseñar su cuerpo.

❏ Se esconde para comer.

❏ La gente suele decirle que está demasiado delgado(a).

❏ Después que ha comido, se le nota enojado(a).

❏ Se le ve triste y desganado(a).

❏ No le gusta comer en compañía de otros.

❏ Dice que está estreñido(a) y toma laxantes con frecuencia.

❏ Realiza una serie de rituales extraños a la hora de comer, como acomodar la comida en el plato, partirla en trozos muy pequeños, comer en cierto orden, etcétera.

❏ Hace ejercicio por 45 minutos o más por lo menos cuatro días de la semana.

❏ Si un día no puede hacer ejercicio, se molesta y/o al día siguiente hace el doble.

❏ Tiene cambios de humor repentinos.

❏ Parece distraído(a), le cuesta trabajo concentrarse.

❏ Ha disminuido notoriamente su desempeño escolar.

❏ Prefiere comer solo(a) que acompañado(a).

❏ Con frecuencia menciona que está gordo(a).

❏ Mi hija tiene irregularidades menstruales.

❏ He notado que la comida algunas veces "desaparece".

❏ He encontrado comida en la basura o escondida en otros lugares.

❏ Está subiendo de peso notoria y rápidamente.

¿Qué tipo de ayuda debo buscar si creo que mi hijo tiene un trastorno de la conducta alimentaria?

Aunque no esté seguro, si existe la duda, por ligera que sea, es mejor plantearle sus inquietudes a un experto ya que, como prácticamente con cualquier enfermedad, cuando estos trastornos se detectan en sus fases tempranas, el pronóstico es mucho mejor y su tratamiento más sencillo; pero no se preocupe, pues aun en el caso de que el padecimiento haya progresado, existen varias alternativas para solucionarlo exitosamente.

En cualquier caso, es importante realizar una evaluación inicial para asegurarse de que la sintomatología constituye, en efecto, un trastorno de la conducta alimentaria, y diseñar un plan específico para cada individuo. Por lo general, los jóvenes suelen adoptar conductas desafiantes, insisten en que se percatan de su estado y en que son totalmente capaces de controlarse y cuidarse por sí mismos, pero en realidad se sienten ineficaces e inseguros y, obviamente, no pueden curarse sin ayuda profesional; así que es importante que usted insista en que sea atendido por un experto.

También es muy común que los muchachos nieguen su enfermedad o, incluso, que supongan que lo que hacen es bueno para ellos. Suelen sentirse temerosos, pues suponen que iniciar un tratamiento implica engordar y eso es lo último que desean, por lo que, aunque sepan que están mal, insisten en que no necesitan o no quieren ayuda. Una buena estrategia es pedir al joven que asista a consulta sólo unas cuantas veces y que tenga la posibilidad de suspenderlo si no se siente cómodo, con la condición de que asista a algún tratamiento. Debe partir de que su asistencia no está sujeta a discusión, pues es indispensable, pero debe comprender los miedos de los jóvenes, tener paciencia ante su rechazo y, sobre todo, darles la opción de que si no establecen una buena relación con un médico o psicólogo siempre podrá intentarlo con otro. Para que funcione cualquier tratamiento, el joven debe sentirse cómodo con el especialista, y dependerá de este último generar en su paciente una actitud positiva hacia el tratamiento.

Existen diferentes formas de atender estos padecimientos; elegir una u otra depende de la que padres e hijos consideren la mejor opción en función de sus creencias y de sus experiencias previas, pues los padres también deben sentirse confiados y tranquilos de que sus hijos están en buenas manos. Una vez elegido el tipo de tratamiento, dependerá del profesional (siempre con el acuerdo de los padres y del afectado) el plan que se establezca.

No todos los especialistas trabajan con las mismas técnicas e incluso, la intervención puede variar considerablemente. La decisión final es suya como padre: es de suma importancia que usted confíe en el tratamiento y en la persona responsable del mismo. Su hijo(a) también debe sentirse cómodo(a) con ese tratamiento y con la persona que lo dirige, por lo que es recomendable platicar con él(ella) sobre las diferentes posibilidades terapéuticas, tomar en cuenta su opinión y dejarlo participar en la decisión.

Algunas veces, es necesario que la persona asista, al mismo tiempo, a tratamientos con especialistas de diferentes áreas; otras veces basta con una sola intervención. En cualquier caso, eso lo debe decidir el experto, pues dependerá de su forma de trabajar y, en particular, del estado en el cual se encuentre el enfermo y los tipos de tratamiento que le pueden beneficiar. Las formas más efectivas para tratar los trastornos de la alimentación son las siguientes, y pueden combinarse para conseguir mejores resultados.

Psicoterapia individual o psicoanálisis

Trabajo dirigido por un psicólogo o un psicoanalista (el psicoanalisra puede ser un psicólogo o un psiquiatra que se han formado en esta técnica terapéutica), en el cual el paciente es encaminado a descubrir sus miedos y preocupaciones para que sea capaz de enfrentarse a ellos. El objetivo radica en ayudarlo a darse cuenta de cuál es realmente el origen de su malestar y guiarlo para que sea capaz de resolverlo. Es, por ende, un trabajo conjunto en el que se buscan las causas reales por las que la persona se relaciona con la comida en la forma en que lo hace, para que esto deje de formar parte de la sintomatología. En este enfoque, las alteraciones alimentarias constituyen una manera errónea de expresar un profundo malestar consigo mismo y con los demás. Cuando se trabaja correctamente, da muy buenos resultados aunque implica un proceso largo, pues se pretende reorganizar la dinámica del afectado para que empiece a actuar de manera diferente, para que sea capaz de hablar acerca de lo que le molesta en lugar de hacerse daño y para que pueda relacionarse con la comida de manera positiva.

Farmacoterapia

Dirigida *siempre* por un psiquiatra, consiste en proporcionar medicamentos que disminuyan la angustia del enfermo para que, estando tranquilo, pueda resolver su problemática y ajustar sus conductas alimentarias. Por lo general, se usan medicamentos para tratar la depresión y la ansiedad. Los fármacos que se usan actualmente son completamente inofensivos, no causan dependencia ni tienen efectos secundarios de importancia, por lo que no se debe temer a este tipo de tratamiento, pero se debe tener mucho cuidado en que esté constantemente monitoreado por el médico, pues aunque existen dosis probadamente útiles, es necesario esperar varios día antes de observar los efectos reales del fármaco y algunas veces se debe realizar una redosificación, pues no todas las personas reaccionan de la misma manera ante cada sustancia. El gran peligro de estos medicamentos es que el enfermo, al sentirse bien, decide dejarlos de tomar y cuando se suspenden abruptamente, suelen producirse crisis serias, por lo que no se pueden abandonar por decisión propia. Si los fármacos se toman en las dosis indicadas y durante el tiempo necesario, los resultados pueden ser muy positivos, pero es el psiquiatra quien tiene que determinar cuándo y cómo se retiran. Generalmente, el tratamiento farmacológico va acompañado del psicoterapéutico, ya sea que el mismo psiquiatra esté capacitado como analista o terapeuta, o que se realice un trabajo conjunto entre el médico y el psicólogo.

Apoyo nutricional

Las personas con trastornos de la alimentación tienen miedo a comer o comen de más, lo que produce deficiencias en el cuerpo como debilidad y malestar. Es por ello que resulta importante que aprendan a comer adecuadamente; eso implica aprender que la comida por sí misma no engorda; lo que engorda es comer mal (sin balancear, sin horario...). Los afectados deben comprender que pueden comer y estar delgados y sanos. Al acudir a un nutriólogo, la persona puede obtener un plan alimenticio y de ejercicio específicamente diseñado para ella. En el tratamiento de estas enfermedades, puede resultar un buen apoyo aunque no es curativo. Si la persona no ha resuelto su miedo a la comida y si su problemática interior sigue dificultando el establecimiento de hábitos alimenticios saludables, es probable que no sea muy útil contar con la supervisión del nutriólogo. La intervención de este tipo de profesionales se recomienda para quienes ya no presentan el síntoma y necesitan asesoría para cambiar sus hábitos de alimentación.

Psicoterapia de grupo

Hay quienes creen que compartir experiencias y preocupaciones con otros enfermos puede resultar reconfortante. Se parte del supuesto de que, al sentirse identificados, se sienten también comprendidos; además de que alguien que ha pasado por experiencias similares estaría en posibilidad de aconsejar y tendría más probabilidades de ser escuchado. En estas terapias, los participantes comparten cómo se sienten, qué hacen o piensan, para tratar de ayudarse entre todos bajo la dirección de uno o más psicólogos. El objetivo es crear una red de apoyo que les haga sentir que no están solos, que no son los únicos pero, sobre todo, se pretende que el apoyo anime y estimule a los miembros del grupo para cambiar su estilo de vida. Otro propósito es que cuando alguien habla de la experiencia propia, el resto de los integrantes del grupo "aprendan en cabeza ajena" y aporten ideas sobre qué podría hacer para sentirse mejor. Una desventaja de este tipo de intervención es que quienes acuden a las sesiones algunas veces intercambian consejos sobre qué hacer para adelgazar más, para que los demás no se den cuenta de que vomitan o no comen, etcétera. Es por ello que los que dirigen este tipo de grupos deben ser personas altamente calificadas.

Psicoterapia familiar

Cuando una persona padece un trastorno de la alimentación, es común que empiece a haber problemas entre los otros miembros de la familia debido a que puede resultar molesto, preocupante y muchas veces no se sabe cómo actuar. Esto hace que el enfermo se culpe por hacer sentir mal a sus seres queridos, lo que genera aún más conflictos. Cuando toda la familia asiste a una terapia para hablar de sus molestias e inquietudes, se favorece la recuperación del enfermo y la armonía entre sus miembros, además de que la dinámica entre ellos se modifica para establecer una relación más sana en términos de comunicación, costumbres, etcétera. El problema de este tipo de terapia es que no siempre pueden asistir todos los miembros de la familia, o no todos están dispuestos a hacerlo.

Internamiento en instituciones especializadas

Existen instituciones públicas y privadas que se especializan en este tipo de problemática y que cuentan con un equipo de especialistas (psiquiatras, psicólogos, nutriólogos) y una serie de personas que se ocupan de dirigir actividades artísticas, deportivas y otras. En las instituciones públicas se trata de evitar el internamiento y ocurre únicamente cuando la vida del paciente corre un riesgo importante. En cambio, existen instituciones privadas que, como parte fundamental del tratamiento, solicitan que las personas afectadas sean ingresadas, siempre con el consentimiento de los padres o tutores y de ellos mismos, aunque sean menores de edad. Los internamientos generalmente duran de tres a seis meses y suelen dar buenos resultados, en tanto que las personas quedan sometidas a una supervisión directa y continua. Tanto los padres como los hijos deben estar dispuestos a aceptar las reglas de cada institución y seguir al pie de la letra las indicaciones.

En cualquier caso, es muy importante que un experto en la materia realice la evaluación inicial y haga las recomendaciones pertinentes, pues la elección también depende del tipo de persona que es el afectado, de su estado físico y anímico y de su disposición a trabajar. La persona que se elija para dirigir el tratamiento debe proponer el tipo de ayuda que el enfermo debe recibir.

Creo que mi hijo(a) tiene un trastorno alimentario; ¿qué puedo hacer?

Ante todo, si sospecha que su hijo(a) tiene un problema de este tipo debe ponerse en contacto con un experto cuanto antes. Recuerde que, en todo caso, se trata de una enfermedad curable pero que requiere mucha y muy pronta atención. Los jóvenes no alteran su forma de comer por pura necedad ni vuelven a adquirir hábitos saludables por voluntad propia. No espere a que "solito se le pase"; las cosas que hace su hijo(a) pueden ser normales pero pueden no serlo y, en este caso, dejar que continúe puede ser peligroso. Es mejor consultarlo con un profesional aunque parezca una exageración y no esperar a buscar ayuda cuando la enfermedad ya haya avanzado.

A continuación encontrará algunos consejos sencillos que pueden facilitar la relación con su hijo(a), si es que está en esta situación. También le presentamos algunas sugerencias en caso de que inicie un tratamiento para que éste funcione mejor. Por ningún motivo estas sugerencias pueden sustituir un tratamiento, sólo son complementarias. Si su hijo tiene un problema de la alimentación, no está en sus manos resolverlo, pero con su apoyo el proceso de curación puede ser más rápido y efectivo.

▶ **Recuerde que no es un problema de falta de voluntad.** No basta con que su hijo(a) se proponga comer o no vomitar o no comer de más. Necesita ayuda.

◗ **Procure no hacer comentarios respecto a la comida o a la forma de comer de su hijo(a).** Eso sólo le hará enojar, alterar sus hábitos aún más y lo alejará de usted.

◗ **No lo(a) critique ni se avergüence de él(ella).** Con eso sólo conseguirá reforzar las conductas patológicas y alejarlo(a) de usted.

◗ **No trate de obligarlo(a) a comer.** Si lo hace, corre el riesgo de que se presenten nuevos síntomas, como empezar a vomitar o a ejercitarse en exceso. Además, esto sólo empeoraría su relación con usted.

◗ **Recuerde que lo realmente importante no es la forma en la que come.** Lo importante es por qué se siente tan mal que tiene que comer así o por qué se niega a comer. Una vez resuelto lo anterior, volverá a alimentarse adecuadamente.

◗ **Trate de distraerlo(a).** Si consigue que su hijo(a) se ocupe en actividades que le resulten interesantes o divertidas, logrará distraerlo para que no piense todo el tiempo en la comida.

◗ **Hágale saber que le preocupa pero no lo(a) vigile.** Dígale lo que nota, hable de su preocupación, pero si quiere que su hijo(a) confíe en usted, no lo(la) vigile, permita que tenga momentos de privacidad. Tampoco lo presione para hablar.

◗ **No le haga comentarios acerca de su cuerpo.** Cuando los jóvenes tienen un trastorno alimentario o se encuentran en sus primeras fases, están exageradamente sensibles respecto a todo lo que tiene que ver con su apariencia. Comentarios como "has engordado" o "te veo muy flaco(a)" pueden aumentar la angustia y agravar la situación.

◗ **No haga comentarios acerca de su apariencia.** Dado que puede estar particularmente susceptible, cualquier comentario acerca de su arreglo personal, la ropa que usa o cómo se peina puede producirle un gran malestar y acentuar los síntomas. Si sus comentarios no se refieren a que se ve muy bien o está muy guapo(a), es mejor no decir nada.

▶ **Permita que tome algunas decisiones.** Es importante que los jóvenes sientan que tienen control sobre algunas cosas. Si se trata de decidir acerca de aspectos que no afectan a otros, y si esas decisiones no se contraponen con el tratamiento, deben tener libertad de elegir.

▶ **No se enoje, lo que su hijo(a) hace no es para molestar.** La actitud que adoptan los muchachos cuando sufren trastornos de la alimentación muchas veces resulta desesperante y molesta; haga lo posible por no enojarse y recordar que se trata de una enfermedad.

▶ **Tenga mucha paciencia.** Recuerde que en estos casos, es común que estén irritables y/o deprimidos; trate de no pelear y nunca olvide que para ellos usted es su principal fuente de apoyo y seguridad, si usted se derrumba, no podrá ayudarle.

▶ **Apoye su tratamiento.** Si no está de acuerdo con algo, háblelo con el especialista, pero trate de seguir todas las indicaciones.

▶ **Procure no faltar a las citas médicas o terapéuticas.** La constancia en este tipo de casos es fundamental para la recuperación; una sola ausencia puede producir recaídas importantes.

▶ **Acuerde con su hijo(a) los alimentos que prefiere.** Es mejor que coma sólo algunas cosas a que no coma absolutamente nada. Trate de negociar su alimentación y tenga siempre disponibles los alimentos que su hijo(a) le solicite.

▶ **Deje que coma lo que él(ella) quiera.** Al principio puede ser difícil, en especial cuando ha reducido mucho la cantidad de alimentos, pero conforme avance su tratamiento, irá comiendo cada vez mejor

▶ **Procure que en casa se sienta tranquilo(a) y relajado(a).** Esto no significa darle gusto en todo, pero procure que la relación sea la mejor posible, pues cualquier presión, molestia o angustia se verá reflejada en sus hábitos alimenticios.

◗ **Trate de platicar con él(ella), pero no insista.** Todos los adolescentes son evasivos independientemente de que sufran o no un trastorno alimentario. Respete su negativa a hablar, pero hágale saber que siempre estará dispuesto a escucharlo.

◗ **Su hijo(a) va a tratar de pelear con usted.** No entre en discusiones. Como ya dijimos, las personas que tienen un trastorno de la alimentación por lo general están enojados e irritables; no le siga el juego y no pelee, es mejor no hacerle caso.

◗ **Repítale constantemente cuánto lo(la) quiere y su deseo de ayudarle.** Aunque al principio no lo tome en cuenta, o parezca que no le importa, finalmente es muy bueno que lo sepa.

◗ **Si es el caso, esté al pendiente de que tome sus medicamentos.** Es posible que su hijo(a) se niegue a tomar los medicamentos argumentando que no los necesita. También es muy común que los retire cuando empiece a sentirse bien, pero cuando este tipo de medicamentos no se retiran paulatinamente y bajo la supervisión del médico, se pueden producir crisis incluso más intensas que la que le condujo al psiquiatra.

◗ **Demuéstrele con pequeños detalles cuánto lo(a) quiere.** Los detalles siempre son importantes, hágale saber a su hijo(a) que pase lo que pase lo(la) quiere y siempre estará ahí.

◗ **Respete su privacidad.** No pretenda que le hable de sus terapias o de otros asuntos personales. A nadie le gusta tener que hablar de sus cosas íntimas.

◗ **Recuerde que el tratamiento de los trastornos alimentarios no es sencillo.** Se requiere mucho apoyo y paciencia por parte de los padres, pues suelen ser procesos largos y con recaídas frecuentes

◗ **No olvide que su hijo(a) está sufriendo.** Una vez que aparecen los primeros síntomas, los jóvenes quedan, digamos, desprotegidos, ya que no pueden controlar lo que les sucede.

▶ **Hable con su hijo(a) y trate de entenderlo.** Las ideas que se generan alrededor del peso y la comida muchas veces son absurdas; aun así escúchelo(a), en la medida que lo(la) comprenda, usted también se va a sentir más tranquilo.

▶ **No ceda a los chantajes.** Algunas veces los jóvenes utilizan su problema para chantajear a sus padres y los amenazan con cosas como "si no me dejas, no voy a comer nunca más". Establezca límites e imponga la disciplina normalmente.

▶ **Si la problemática supera su capacidad para mantener la calma, busque ayuda.** No sólo los jóvenes se angustian y se deprimen; conforme avanza la enfermedad, los padres empiezan a sentirse exactamente igual. Si es su caso, o si no sabe qué hacer o cómo manejarse, si el problema de su hijo(a) lo sobrepasa, también consulte a un profesional. Su bienestar es fundamental para el progreso de su hijo(a). Es importante que lo(la) vea fuerte y capaz de ayudarle. Si usted pierde la calma, se deprime o discute con frecuencia, sólo conseguirá un aumento en la angustia de su hijo(a) y le hará sentirse solo(a) y desprotegido(a).

▶ **Su médico le dirá cuándo puede empezar a exigir nuevamente.** Mientras tanto, es mejor ceder a algunas cosas y tratar de restarle importancia a otras. En cuanto su hijo(a) esté en condiciones, poco a poco las cosas volverán a la normalidad.

Preguntas frecuentes

Los niños pequeños, antes de la adolescencia, ¿pueden tener trastornos de la alimentación?

Sí, aunque no es lo más común. Por lo general, los trastornos alimentarios comienzan en la pubertad o la adolescencia, pero sí es importante prevenirlos desde la infancia. Si un niño está pasado de peso o por debajo del correspondiente a su edad y talla, conviene consultarlo con el pediatra, pues no necesariamente se trata de un trastorno de la alimentación, puede deberse a otras causas.

¿Cuánto tiene que pesar un niño para saber si está gordito?

Para determinar si un niño o un bebé está o no pasado de peso, tenemos que recurrir a las tablas de rangos de peso y estatura que tienen los pediatras. No basta, entonces, con que el niño se vea "gordito" o "delgado". Para decir que está sano, es necesario que el médico determine si su peso es el correspondiente a su edad y estatura, o si está por arriba o por debajo de él.

¿Cómo puedo saber si mi hijo adolescente está pasado de peso?

Para determinar si una persona está o no en su peso ideal, utilizamos una medida llamada Índice de Masa Corporal (imc), que es igual al peso entre el cuadrado de la estatura. Por ejemplo, si alguien mide 1.60 m. y pesa 57 k, multiplicamos 1.60 × 1.60, lo cual nos da 2.56. Dividimos 57 entre 2.56 y obtenemos 22.26; entonces, esa persona tiene un imc de 22.26. Cuando los puntajes de imc fluctúan entre 20 y 23, el peso es el adecuado. Debajo de 20, está muy delgado; menos de 18.5, indica desnutrición; a partir de 24, sobrepeso, y de 29 en adelante, obesidad.

Mi hijo es gordito; ¿eso es malo?

Estar pasado de peso nunca es saludable aunque los niños se vean bonitos o "simpáticos". Si es el caso de su hijo(a), sería bueno que consultara al pediatra; puede tener algún desorden metabólico, puede que sus hábitos de alimentación no sean adecuados, que necesite más actividad física o, incluso, que padezca un trastorno alimentario. Adicionalmente, recuerde que los niños pasados de peso suelen ser objeto de burlas y críticas de sus compañeros, así que siempre conviene poner atención en ello.

Mi hijo es gordito; ¿lo pongo a dieta?

Consulte al pediatra. Si se trata de un bebé, es posible que el médico decida modificar su alimentación. Si es un niño o un adolescente, puede incluir más frutas y verduras en su dieta diaria, y procure eliminar las frituras y el exceso de grasa; también puede adecuar las porciones, pero por ningún motivo lo someta a una dieta baja en calorías. Los niños y los adolescentes están en crecimiento y necesitan mucha energía. En todo caso, busque alguna actividad física que su hijo disfrute y que le permita ejercitarse.

¿Cómo sé qué cantidad de comida debo dar a mis hijos?

El tamaño de una porción varía de una persona a otra. Calcule que una porción es el equivalente a lo que cabe en la palma de la mano de quien va a comer. En el caso de los niños, entonces, una porción es mucho más pequeña que la de un adulto, basta pensar en el tamaño de su manita. Trate de presentarle una porción de cada grupo de alimentos (como se verá más adelante) y, si quiere más, sírvale otro poco.

¿Cómo puedo saber si mi hijo está comiendo suficiente?

En realidad, los únicos que saben cuánta comida necesitan son ellos mismos; hay niños que necesitan más y otros, menos. Además los niños pasan por etapas en las que tienen más hambre y otras en las que comen poco. Si los alimentos que les ofrece son sanos y si su pediatra considera que está creciendo y ganando peso conforme a su edad, permita que coman la cantidad que ellos prefieran. Eso sí, deben hacerlo de manera balanceada y con horarios establecidos. Es mejor ofrecerles cantidades pequeñas y que ellos mismos pidan más, que acostumbrarlos a comer mucho.

¿Son buenos los complementos alimenticios?

Son buenos, pero sólo si son necesarios. Nada es mejor que un buen plato de fruta, una buena carne, etcétera. Es importante que no se recurra a complementos ni medicamentos para abrir el apetito si no fueron recetados por su pediatra.

Mi hijo no quiere comer; ¿lo obligo?

Obligar a los niños a comer no es buena idea. Recuerde que su hijo puede estar pasando por un periodo de poca hambre o puede sentirse mal. Eso sí, no permita que sustituya la comida por dulces o pasteles; no basta con comer, lo importante es comer bien. Si su hijo pasa un periodo largo (más de dos semanas) presentando poco apetito, conviene consultarlo con su pediatra.

La hora de la comida es una lucha constante; ¿qué puedo hacer?

La hora de la comida es un momento socialmente importante y los niños lo saben. También saben que pueden obtener el control sobre las emociones de mamá, pues es fácil sacarla de quicio si no come o si se porta mal al hacerlo. Es por ello que, ante todo, no le muestre su enojo al niño; si no come, no se mortifique, no le pasará nada malo por un día o dos de no comer bien. En segundo lugar, ponga las reglas claras: cuando el niño haga algo que le moleste, como hacer *porquerías* o jugar con la comida, bájelo de su silla, y dele un *tiempo muerto* (llevarlo a su cuarto o a un lugar alejado; se recomienda un minuto por año de edad), vuélvalo a sentar y repita la operación hasta que el niño aprenda a comer como usted espera. Cante y juegue, convierta la hora de la comida en un momento familiar para compartir, no en un campo de batalla. De esa manera lo va a distraer y será más sencillo que coma.

Algunas veces siento que mi hijo come porque está nervioso; ¿qué puedo hacer?

Efectivamente, es posible que desde pequeños los niños coman por ansiedad, pues "sienten algo en la panza" y creen que con comida se calman. En este caso, puede aclararle que no tiene hambre, sino preocupación, miedo, tristeza, etcétera y que no se le quitará si come; se le quitará si se distrae, si juega, pero sobre todo si lo platica. Los niños no saben explicar sus sentimientos o sensaciones, simplemente sienten cosas agradables o desagradables, por lo que es importante que les ayudemos diciéndoles qué es lo que les molesta y qué deben hacer con ello.

Aunque tenga cuidado en casa, sus amigos y los medios de comunicación pueden "poner ideas en la cabeza" de mis hijos. ¿Cómo lo evito?

Si usted les proporciona confianza, seguridad y apoyo, es mucho más difícil que se dejen convencer o que hagan cosas que les pueda causar un daño. Platique mucho con ellos, hágales ver cuál información es cierta, cuál vale la pena y cuál no. Enséñeles a cuestionar los mensajes de los medios de comunicación y esté al tanto de su grupo de amigos.

¿Qué hago si sospecho que mi hijo(a) tiene un trastorno de la alimentación?

Primero, asegurarse de si lo tiene o no. Para ello es necesario consultar a un experto que, en todo caso, inicie un tratamiento lo antes posible y no permitir que avance la enfermedad. Es mejor consultar a un especialista que arriesgarse bajo la premisa de "ya se le pasará" y permitir innecesariamente que progrese el padecimiento.

Mi hijo(a) adolescente no quiere comer; ¿lo(a) obligo?

No. Si su hijo(a) no tiene un problema alimentario y lo(la) obliga a comer puede generarle un rechazo a la comida. Si tiene un problema de la alimentación, tratar de obligarlo(a) puede agravar la situación, pues quienes los padecen no pueden pensar más que en la comida; si usted insiste en ello, sólo conseguirá aumentar su angustia y su preocupación. Trate de acordar con su hijo(a) los alimentos que prefiere y procure tenerlos disponibles. No insista en que coma y trate de distraer su atención, que deje de pensar sólo en la comida. Consulte a un especialista.

Mi hijo(a) come demasiado y está muy gordo(a); ¿qué hago?

Cuando esto sucede, es necesario hablar con su hijo(a) y convencerlo(a) de buscar ayuda profesional, pues la obesidad, sea cual sea su causa, constituye un problema de salud importante. Mientras tanto, procure que en su cocina haya suficiente comida saludable y disminuya la compra de alimentos *chatarra* o de alto contenido calórico.

¿Cómo sé si los vómitos y los problemas estomacales de mi hijo(a) se deben a un trastorno de la alimentación o a una enfermedad del estómago?

La diferencia entre una y otra es que los trastornos de la alimentación aparecen por el gran miedo a engordar o por el deseo de adelgazar; otro tipo de malestares se presentan sin estar relacionados con el peso o la figura. Aun así, si los malestares son recurrentes, consulte a su médico.

¿Es malo tomar laxantes o diuréticos?

No cuando se está estreñido o se retiene líquido. Lo malo es consumir estos medicamentos sin receta médica, cuando no existe un problema que lo amerite o cuando se toman con el único propósito de bajar de peso o no engordar.

Mi hijo(a) está a dieta y está muy preocupado(a) por no engordar, pero creo que es normal a su edad. ¿Cómo sé si es un problema?

Efectivamente, muchos jóvenes se preocupan por verse delgados y esto puede ser parte de un proceso normal, pero si además de querer adelgazar ha notado un cambio en el carácter como hosquedad, irritabilidad o tristeza), o si sus dietas ya duraron más de seis meses, sería bueno consultar a un especialista.

¿Los varones pueden padecer anorexia o bulimia?

Sí, aunque es menos frecuente que en las mujeres. Un síntoma específico en algunos hombres es que suelen hacer ejercicio de manera exagerada, pero también pueden comer de más, dejar de comer, vomitar o usar laxantes.

Hacer ejercicio es una buena costumbre, me gusta que mi hijo(a) se ejercite, ¿qué tiene eso de malo?

Efectivamente es una costumbre muy sana siempre y cuando no exagere en la cantidad de ejercicio que realiza y si dejar de ejercitarse no produce ansiedad, nerviosismo, irritabilidad o culpa. Si su hijo(a) no es un deportista de alto rendimiento e insiste en ejercitarse de manera excesiva pues no quiere engordar o porque no le gusta la forma de su cuerpo, aunque aparentemente coma bien, puede tener un problema alimentario relacionado con su imagen corporal.

¿En qué consiste el tratamiento para quienes padecen trastornos de la alimentación?

Existen diferentes maneras de ayudar a los que tienen estas enfermedades. La estrategia que se sigue depende, por lo general, del grado de avance de la enfermedad, del especialista a cargo y de las propias creencias y expectativas de los afectados y de sus padres en el caso de los adolescentes.

¿Cuánto tiempo dura el tratamiento?

Depende de cada persona, de lo avanzado de la enfermedad y de la forma en la que se aborda el problema, es decir, el tipo de tratamiento que se elige. Pero en cualquier caso, es necesario tener paciencia, pues suelen ser procesos largos; la problemática es compleja, no se puede resolver de un día para otro y son comunes las recaídas.

¿Es costoso el tratamiento para este tipo de problema?

Existen posibilidades para todos los bolsillos, lo importante es buscar ayuda.

¿A dónde puedo llevar a mi hijo para obtener un buen diagnóstico?

Existen instituciones tanto públicas como privadas donde pueden orientarlo. También puede consultar a un psiquiatra o un psicólogo. Lo importante es que se asegure de que se trata de un lugar serio y/o de un profesionista preparado.

¿Por qué las personas que tienen un trastorno de la alimentación se ven gordos a sí mismos aunque en realidad estén flacos?

El deseo de adelgazar es una falsa creencia. Las personas que sufren trastornos de la alimentación suponen, erróneamente, que si adelgazan conseguirán la felicidad, pero como el problema no radica en cuántos kilos pesan sino en cuán mal se sienten consigo mismo, por más que adelgacen no son felices. Quien padece un trastorno de la alimentación debe entender que el problema no es su cuerpo; que su cuerpo es sólo el reflejo de una serie de complejos problemas internos y que para estar tranquilo debe resolver esos problemas y no su apariencia.

¿Los trastornos de la alimentación desaparecen completamente?

En muchos casos ocurre una recuperación total respecto a la forma de comer y la angustia que la apariencia física produce; sin embargo, para las personas que padecieron algún trastorno de la alimentación, la comida y el aspecto siempre son temas fundamentales. Es por ello que permanentemente existe la posibilidad de una recaída, por lo que deben ser cuidadosos. Ante todo, si su hijo(a) tiene un trastorno de la alimentación, usted debe permanecer tranquilo, ya que existen muchas probabilidades de éxito en el tratamiento de estas enfermedades.

No olvide que aunque el principal apoyo de los hijos son sus padres, no siempre pueden resolver todos sus problemas; busque ayuda en éstos y en todos los casos en los que se sienta temeroso o confundido en cuanto a la salud, el cuidado y la educación de sus hijos.

Si quiere pedir un consejo sobre trastornos de la conducta alimentaria en específico, es recomendable acudir a su médico o al psicólogo, pero también hay en México algunas instituciones, tanto públicas como privadas, a las que puede recurrir para recibir ayuda:

Instituto Nacional de la Nutrición Salvador Zubirán
Tels.: 54 87 09 00 y 55 73 06 11
www.innsz.mx

✦ ✦ ✦

Instituto Nacional de Psiquiatría Ramón de la Fuente
Tel.: 56 55 28 11
www.inpr.org.mx

✦ ✦ ✦

Instituto Nacional de Pediatría
Tel.: 10 84 09 00
www.pediatria.gob.mx

✦ ✦ ✦

Clínica Avalon
Tel.: 52 45 83 21
www.avalon.com.mx

✦ ✦ ✦

Clínica Juval Ellen West
Tels.: 55 20 52 42 y 55 40 02 33
www.juval.com.mx

✦ ✦ ✦

Capítulo 3

Alimentación saludable

Es posible que los trastornos de la conducta alimentaria no sólo estén relacionados con *cómo* comemos (hábitos), o con *para qué* comemos (manejo de la ansiedad o la depresión), sino también con *qué* comemos; y el *qué* puede estar relacionado con las creencias, muchas veces erróneas, y los conocimientos, muchas veces insuficientes, acerca de las propiedades de la comida.

Independientemente de los riesgos relacionados con los trastornos de la conducta alimentaria, una nutrición deficiente puede provocar graves problemas de salud. En el caso de los niños y los adolescentes, una mala alimentación entorpece su crecimiento y su desarrollo, esto es, puede provocar que no alcancen la talla que en condiciones de alimentación adecuadas podrían llegar a tener, y que se produzcan dificultades serias de pensamiento, pues cuando no están bien alimentados les es difícil llevar a cabo algunos procesos básicos como recordar, poner atención, resolver problemas complejos y otros.

En el caso de los adultos, una alimentación deficiente o mal balanceada puede ocasionar enfermedades como diabetes, hipertensión o cáncer. Desde que nacemos, nuestra alimentación nos puede condicionar a desarrollar éstos y otros padecimientos, por lo que es importante alimentarnos lo mejor posible.

Es común escuchar que debemos "comer de manera balanceada" pero, por lo general, no sabemos con certeza lo que esto significa. "Comer de todo" tampoco es una consigna clara y mucho menos posible; algunas veces no nos gustan ciertos alimentos y otras, no podemos adquirirlos. Entonces, sabemos que debemos alimentarnos correctamente, pero no siempre contamos con los conocimientos, hábitos y costumbres adecuados para hacerlo.

La alimentación durante la infancia es particularmente importante, no sólo por las consecuencias de las deficiencias nutricionales, sino porque durante la niñez se determinan las preferencias y las rutinas relacionadas con la comida que tienden a mantenerse en la vida adulta, por lo que debemos instituir hábitos adecuados y modificar la elección de alimentos, si es que ésta no es la correcta; los padres debemos estar suficientemente preparados para ello. La tarea no es fácil, pues el comportamiento dietario de un individuo llega a convertirse en una entidad compleja que puede estar influenciada por numerosos factores ambientales y psicológicos.

Aunque el desarrollo del pensamiento es el factor más importante para la conciencia que adquieren los niños acerca de la comida y la nutrición, los padres son su principal fuente de conocimientos, pues forman modelos de salud fundamentales para sus hijos; son ellos quienes deciden qué comen los niños, cuándo, en qué cantidad, etcétera. No obstante, durante la adolescencia el poder parental sobre la comida es desplazado debido a otra serie de factores que pueden influir en la conducta alimentaria, como la presión de los compañeros, la disminución del tiempo que pasan en sus casas, las creencias y conocimientos sobre nutrición, la influencia nociva de los medios masivos de comunicación, los hábitos dietéticos de los padres y sus propias expectativas respecto al peso y la figura.

Ni padres ni hijos serán expertos en nutrición, pero deben contar con conocimientos básicos al respecto, como la elección de la comida y las conductas dietéticas. El nivel de conocimiento nutricional juega un papel central, pues la información, o la falta de la misma, produce actitudes hacia los alimentos que pueden generar el consumo de algunos de ellos aunque no sean saludables o no consumirlos aunque lo sean.

Las mujeres suelen tener un conocimiento más completo que los hombres acerca de comida, nutrición, salud y sus interrelaciones, dominan en mayor medida los beneficios nutricios y fisiológicos de la comida, los diferentes tipos de grasas y la relación entre dieta y enfermedad; también presentan actitudes y creencias más positivas acerca de la comida y la salud; tienen más disponibilidad para hacer cambios en su conducta alimentaria y una predisposición negativa a las grasas, por lo que es más probable que crean en la importancia de las guías nutricionales. Esto es muy favorable, porque el conocimiento nutricional de las madres está fuertemente relacionado con el de sus hijos, pues son ellas quienes deciden y preparan los alimentos de la familia.

Sin embargo, también es cierto que las mujeres se preocupan más que los hombres por su apariencia física y su figura; están significativamente más insatisfechas con su imagen corporal y son más propensas a hacer dieta y a describirse como pasadas de peso, lo cual generan una serie de actitudes hacia la comida, algunas veces no muy saludables, que igualmente transmiten a los hijos. Aun así, es más probable que adopten conductas dietéticas saludables.

Así, los conocimientos sobre nutrición pueden tener impacto en la conducta alimentaria, y la percepción de la importancia de la nutrición, especialmente por las madres, tiene una fuerte influencia en el conocimiento sobre nutrición de sus hijos. Entonces, aunque muchos otros factores (como las necesidades psicológicas, la percepción de la imagen corporal, las preferencias y prácticas alimentarias, la presión de los compañeros y de los medios masivos de comunicación, las normas sociales y las experiencias personales) también se relacionan con la elección de alimentos, el conocimiento que se tiene sobre ellos y sus nutrientes es determinante para la elección de la comida y, por tanto, para el establecimiento de una dieta saludable.

Desafortunadamente, la necesidad de los adolescentes de tomar el control sobre los alimentos que ingieren no necesariamente va acompañada de habilidad y de elecciones sanas. Adquieren información nutricional de fuentes informales y probablemente poco precisas, pues gran parte de esta información sobre la supuesta dieta sana la consiguen por medio de la radio, la televisión y las revistas, y proviene, muchas veces, de personas sin entrenamiento ni comprensión de la ciencia de la nutrición.

Por otra parte, debemos reconocer que los padres no siempre contamos con suficientes conocimientos, que muchas veces tenemos muy poca información nutricional y que otras tantas también estamos confundidos acerca de los principios básicos de una dieta saludable y balanceada.

Así, a pesar del creciente número de estudios sobre nutrición, la mayor parte de la gente lleva a cabo prácticas apoyadas en creencias mal fundamentadas, por lo que debemos dar prioridad a lograr hábitos saludables de alimentación. Empecemos, entonces, por el principio.

¿Qué es alimentación?

La alimentación implica muchos más aspectos que sólo comer. Constituye un conjunto de procesos biológicos, psicológicos y sociológicos relacionados con la ingestión de alimentos. Cuando nos alimentamos, el organismo obtiene los nutrimentos que necesita para vivir y funcionar adecuadamente mediante una serie de procesos biológicos, pero esto determina también nuestros estados de ánimo, gustos personales y creencias específicas sobre los alimentos ("barriga llena, corazón contento", "todo se cura con un caldo de pollo", etcétera). La forma en que comemos y lo que comemos depende, en gran medida, de nuestras expectativas respecto al tipo de cuerpo que queremos tener, nuestras creencias religiosas, los productos que nos ofrecen en la televisión, las revistas, etcétera.

Lo importante, en todo caso, es considerar los aspectos relacionados con la alimentación (biológicos, psicológicos y sociológicos) y tratar de establecer hábitos que nos aseguren un buen desempeño de nuestro cuerpo, nos hagan sentir satisfechos y se adecuen a nuestras posibilidades económicas.

Cuando hablamos de *alimentación*, entonces, estamos refiriéndonos a la ingestión de comida, pero también a los usos y costumbres relacionados con ella, los alimentos que elegimos, las horas en que comemos, cómo combinamos la comida, qué comemos para festejar o cuando estamos tristes... Pero probablemente el elemento que más nos preocupa y nos confunde es el biológico, es decir, la nutrición.

La *nutrición* es el proceso por medio del cual el organismo aprovecha los alimentos al obtener de ellos las sustancias que necesita para su buen funcionamiento. O sea, que, la comida se descompone en elementos químicos simples que llegan a cada célula del cuerpo. Los componentes de la comida que no le sirven al organismo, son los que desechamos cuando vamos al baño. Todo esto es posible gracias al proceso de digestión o descomposición de los alimentos.

La *digestión* inicia en la boca. Con las muelas trituramos los alimentos los rompemos en trozos pequeñitos que pueden mezclarse fácilmente con la saliva para formar una especie de masa llamada *bolo alimenticio*. La saliva cumple dos funciones; la primera, convertir la comida en una pasta lo suficientemente suave como para poder tragarla y, la segunda, empezar a descomponer la comida en sus elementos químicos esenciales, pues al mezclarse con el alimento, éste empieza a transformarse. Una vez que tragamos, el bolo alimenticio resbala por el esófago hasta el estómago, órgano en el cual continúa la descomposición o digestión de los alimentos.

En el estómago, cuando los trozos de comida se juntan con los jugos gástricos, continúa la trituración que se inició en la boca. Para entonces, el alimento ya es muy diferente a lo que originalmente llevamos a la boca: se ha convertido en una sustancia viscosa de la cual se empiezan a liberar los nutrientes que serán absorbidos por el torrente sanguíneo. Debemos recordar que es la sangre la que distribuye todas las sustancias que llegan a nuestro cuerpo, llevándolas hasta el último rincón.

La sangre recoge los nutrientes en el intestino delgado, donde ocurren los siguientes pasos del proceso digestivo y de absorción de sustancias, incluyendo el agua. Parte del agua que bebemos y de las sales que ingerimos se absorbe y pasa al torrente sanguíneo. La fibra y los constituyentes de la comida que no sirven para la nutrición pasan a través del intestino grueso y, casi sin transformarse, son evacuados en forma de heces fecales.

¿Cómo nos nutre la comida?

La nutrición depende de nuestra *dieta* diaria. Una dieta, a pesar de lo que estamos acostumbrados a escuchar, no es un régimen para adelgazar. Durante toda nuestra vida estamos sometidos a una dieta, que se va modificando de acuerdo con la edad, las costumbres, nuestros gustos, necesidades y posibilidades. Dado que nadie puede comer todos los alimentos que están disponibles, algunas veces porque no nos gustan, porque no están a nuestro alcance y porque estamos acostumbrados sólo a ciertos alimentos, estamos obligados a elegir qué comer y qué no. Cuando llevamos a cabo esta elección, aun sin saberlo conscientemente, determinamos nuestra dieta, que puede ser saludable o no.

Una alimentación correcta está basada en una dieta saludable, que incluya alimentos de diferentes tipos y cumpla con las necesidades específicas de las diferentes etapas de la vida; un recién nacido, un niño, un adolescente, un adulto o un anciano requieren alimentarse de manera diferente. Hombres y mujeres necesitan dietas variadas generalmente en cantidad, y las mujeres embarazadas o en lactancia requieren más nutrientes de los que necesitan regularmente.

El propósito de una dieta, entonces, no es adelgazar, sino favorecer el proceso de nutrición para que nuestro organismo funcione adecuadamente. Así como el motor de un coche necesita gasolina, diferentes tipos de aceites, lubricantes, etcétera, nuestro cuerpo necesita diferentes sustancias para mantenerse en perfectas condiciones.

Como ya dijimos, el proceso de nutrición incluye ingestión, descomposición, absorción, transporte, almacenamiento y eliminación de los constituyentes de los alimentos. Todo esto tiene como propósito la conservación de la vida, el crecimiento, la reproducción, el funcionamiento normal de los órganos y la producción de energía.

Un organismo puede estar bien o mal nutrido; esto depende de su dieta y de la cantidad de energía que consume cuando la dieta es saludable. Retomemos el ejemplo del automóvil que necesita gasolina para caminar, y lo que puede avanzar depende de cuánta gasolina tiene. Un motor necesita aceite; si el aceite se agota y el motor sigue en marcha, se quema; pero si tuviera más aceite del necesario, empezaría a escurrir y su funcionamiento no sería adecuado. En el cuerpo humano sucede algo similar: para movernos, pensar o hablar necesitamos energía (gasolina) y sustancias (aceite) que faciliten la actividad. Todas las sustancias que proporcionan energía y facilitan nuestra acción se obtienen de los alimentos. Si no comiéramos, no podríamos llevar a cabo nuestras actividades de manera normal. La nutrición, entonces, es un proceso por medio del cual el organismo aprovecha los nutrimentos del alimento, y el estado nutricional del organismo es resultado del equilibrio entre el suministro de nutrimentos (cuánto y qué comemos) y la energía que gastamos. Si comemos menos de lo necesario, adelgazamos y nos sentimos débiles, pues gastamos más energía de la que ingresamos; pero si comemos mucho y gastamos poca energía, engordamos, nos sentimos pesados y podemos padecer problemas gástricos. Debemos procurar, entonces, ingerir justamente la cantidad de energía que vamos a utilizar; no más, pero tampoco menos.

El proceso gracias al cual el cuerpo puede aprovechar los nutrientes y la comida se convierte en energía se denomina *metabolismo*. El metabolismo tiene dos aspectos principales: catabolismo y anabolismo. Mediante el catabolismo, los compuestos químicos de los alimentos se reducen en sustancias simples que liberan energía para el funcionamiento de las células; mediante el anabolismo, el organismo almacena energía para el crecimiento y la reparación de los tejidos.

Como ya dijimos, no todos los elementos de un alimento son nutritivos; algunos se desechan y otros los aprovechamos. Los elementos nutritivos son las sustancias que pueden ser metabolizadas por el organismo (pues producen energía y sirven para el crecimiento) y se llaman nutrimentos. Existen dos tipos básicos de nutrimentos: los macro (carbohidratos, grasas y proteínas) y los micro (vitaminas y minerales).

Los *macronutrientes* representan el grueso de cualquier dieta, son fuente de energía, la base para la estructura corporal y ninguno es esencial para el organismo por sí solo, sino por el efecto que se produce en la digestión. Los micronutrientes, son compuestos orgánicos que no producen energía, se encuentran de manera natural en los alimentos y son necesarios para la salud. Es muy difícil hallar un alimento que contenga un solo nutriente, todos están constituidos por macro y micronutrientes; el punto está en que algunos tienen más de un nutriente que de otro.

Ya que el cuerpo es una máquina y que los macronutrientes nos proveen de energía (como la gasolina al coche), son sustancias que el organismo necesita en grandes cantidades. Los hidratos de carbono o carbohidratos (contenidos en tortillas, cereales, azúcar) constituyen la principal fuente de energía. Las grasas proporcionan energía en una forma más concentrada y aportan al organismo ácidos grasos, que son sustancias esenciales para el crecimiento y la reparación de tejidos. Las proteínas (que se encuentran en alimentos como la carne y el queso) también proporcionan materiales que el organismo necesita para su crecimiento y reparación; además, en ciertas circunstancias, pueden ser fuente de energía.

Los *micronutrientes* (vitaminas y minerales) son sustancias que el organismo necesita en cantidades relativamente pequeñas (o mínimas). Las vitaminas sirven para llevar a cabo procesos como la producción de energía dentro de las células, su crecimiento y reproducción. Los minerales son elementos químicos que el cuerpo necesita para el crecimiento o para facilitar procesos relacionados con el funcionamiento celular.

Conocemos 13 tipos de vitaminas que, como ya dijimos, se necesitan para crecer y poner en marcha los mecanismos de reparación del cuerpo; es por ello que cuando nos enfermamos o estamos débiles, nos recomiendan tomarlas. Además de ellas, existen 126 minerales que desempeñan un papel importantísimo para llevar a cabo el proceso del metabolismo; algunos (como el calcio y el fósforo) aportan, además, la materia prima para procesos como la formación de los huesos. Las vitaminas y los minerales que ingerimos están destinados a reemplazar las pérdidas normales que se producen por las excreciones de orina, sudor y pérdidas sanguíneas.

Otros dos componentes esenciales de la dieta son la fibra y el agua. La fibra facilita la función del sistema digestivo y recoge, durante su paso por los intestinos, todos los componentes de la comida que no aprovechamos, limpiándo y mejorando su funcionamiento; pero el exceso de fibra puede dificultar la excreción de heces fecales, así que no debemos abusar. El agua sirve para reemplazar los líquidos que continuamente pierde el organismo en forma de sudor y orina, recoge sustancias nocivas y también facilita el trabajo de los intestinos. Sin embargo, tomar agua en exceso puede resultar contraproducente, pues nos puede hacer perder minerales y vitaminas.

La forma en que medimos la energía en nutrición es por medio de calorías. Una caloría es la cantidad de energía necesaria para elevar la temperatura de 1 ml de agua en 1 °C. Casi todo nuestro cuerpo está compuesto por agua y, cuando recibimos energía, toda esa agua se calienta; al calentarse, se pone en marcha, por eso los deportistas deben *calentar* antes de empezar a ejercitarse y también por eso se dice que *quemamos* calorías.

Una caloría es una cantidad extraordinariamente pequeña de energía; normalmente nos referimos, cuando hablamos de contenidos calóricos de la alimentación a una *kilocaloría*, es decir, mil calorías. Vamos a explicarlo de otra forma: las calorías miden la cantidad de energía que proporcionamos a nuestro organismo; la energía hace que el cuerpo se caliente y, gracias a eso, podemos llevar a cabo diferentes acciones. Antes de acelerar el motor de un automóvil, conviene calentarlo durante unos minutos, ese calor que el motor produce permite el movimiento. De la misma forma, las calorías contenidas en la comida se convierten en la energía que nos permite actuar. Si esas calorías no se utilizan, se acumulan en el cuerpo en forma de grasa, y si no ingresamos calorías al cuerpo, recurrimos a aquellas que teníamos almacenadas. Un cuerpo delgado (con pocas reservas de grasa) que no recibe calorías, debe recurrir a la energía interna, por lo que se debilita rápidamente. El alimento, entonces, es el combustible que hace que funcione la máquina humana. Cuando el cuerpo humano funciona, gasta energía (calorías); se necesita energía para respirar, para caminar, para ponerse en pie, para mover un dedo y para pensar. El hombre obtiene esa energía de los alimentos que consume y la quema al utilizarla. La energía que proporcionan los alimentos, junto con las actividades que lleva a cabo un organismo, determinan la cantidad de comida que necesita cada persona. Un deportista de alto rendimiento, por ejemplo, realiza tanta actividad física que necesita alimentarse con cantidades mayores y con alimentos que le proporcionen mucha más energía de la que necesita una persona con un nivel de actividad normal.

Por grande que sea la cantidad de comida que se ingiera, los alimentos no mantendrán vivo a un hombre si no son de la calidad adecuada; y el alimento de alta calidad tampoco lo sostendrá a no ser que se consuma en cierta cantidad. Con esto queda claro que existe una relación importante entre dieta y salud. Las dietas deficientes ponen en riesgo nuestra salud aunque no nos demos cuenta de manera inmediata. Muchas enfermedades están ocasionadas por deficiencias nutricionales y en diferentes países, independientemente de su nivel de desarrollo, existen patrones de salud y enfermedad relacionados con la nutrición. Incluso en las comunidades más ricas del mundo, existe una notable relación entre el tipo de enfermedades que sufren sus habitantes y su dieta, padecimientos que van desde enfermedades cardiacas, hipertensión y diabetes, hasta ciertos tipos de cáncer.

¿Cómo puedo establecer una dieta saludable para mí y para mis hijos?

Según la Norma Oficial Mexicana (que es posible consultar en el *Diario Oficial de la Federación* del lunes 23 de enero de 2006, p. 32), una dieta correcta es aquella en la que se incluyen tres grupos de alimentos: leguminosas y alimentos de origen animal; frutas y verduras, y cereales y tubérculos en partes iguales, además de una cantidad mínima de grasas. A continuación presentamos un listado de los alimentos que más frecuentemente consumimos en México, para que sepa a cuál grupo pertenece cada uno.

Leguminosas y alimentos de origen animal	Grasas	Frutas y verduras	Cereales y tubérculos
Leche	Queso crema	Plátano	Papa
Queso oaxaca	Margarina	Naranja	Camote
Queso manchego	Mantequilla	Melón	Yuca
Queso chihuahua	Aguacate	Manzana	Tortillas
Queso fresco	Chicharrón	Sandía	Tamales
Queso cottage	de cerdo	Piña	Pan de caja
Otros quesos	Chocolates	Zapote	Bolillos
Crema	Aceite	Chicozapote	Teleras
Yogurt		Papaya	Pan dulce
Frijoles		Pera	Arroz
Habas		Mango	Pastas
Alubias		Mandarina	Avena
Soya		Fresas	Atole
Arvejas		Durazno	Maíz
		Chabacano	Trigo
		Uva	Centeno

Leguminosas y alimentos de origen animal	Grasas	Frutas y verduras	Cereales y tubérculos
Chícharos		Tuna	Cebada
Lentejas		Ciruela	Amaranto
Garbanzos		Guayaba	
Huevo		Toronja	
Pollo		Lima	
Jamón		Limón	
Carne de res		Mamey	
Carne de cerdo		Jitomate	
Pescados		Tomate	
Mariscos		Zanahoria	
Salchichas		Lechuga	
Hígados de res o de pollo		Espinaca	
Chorizo o longaniza		Calabaza	
		Chayote	
		Nopal	
		Flor de calabaza	
		Coliflor	
		Brócoli	
		Ejote	
		Elote	
		Chile	
		Acelga	
		Verdolaga	
		Hongos	
		Betabel	
		Pepino	
		Jícama	

Una buena dieta debe contener todos los nutrimentos; debe incluir, en cada comida, alimentos de todos los grupos en una proporción aproximada a la siguiente: 33% de leguminosas y productos de origen animal, 33% de frutas y verduras, 33% de cereales y tubérculos, y 1% de grasa. Si guardamos las proporciones adecuadas entre los grupos, conseguimos una dieta equilibrada.

Debemos cuidar que los alimentos estén limpios y desinfectados si es necesario, que no haya pasado su fecha de caducidad y que se encuentren en buen estado de conservación. Asimismo, debemos procurar variar los alimentos de los grupos, es decir, no comer siempre la misma fruta o la misma verdura, por ejemplo.

Aunque aparentemente es complicado, en realidad establecer dietas balanceadas y, por tanto, saludables, es más sencillo de lo que parece. Por ejemplo, una torta bien preparada puede ser una comida completa, contiene alimentos de cada grupo: pan (de cereales y tubérculos), queso, jamón y frijoles (de leguminosas y alimentos de origen animal), lechuga y jitomate (de frutas y verduras) y aguacate (grasas). Simplemente es cuestión de saber qué alimento pertenece a cuál grupo y combinarlos.

A continuación, presentamos algunos consejos que pueden ayudarle a conseguir que su dieta y la de sus hijos sea equilibrada y saludable:

- **Procure hacer cinco comidas al día.** Es recomendable desayunar, comer y cenar, e incluir un refrigerio entre el desayuno y la comida, y otro entre la comida y la cena. Los refrigerios deben ser mucho más ligeros que las comidas formales y deben acompañarse con líquidos.

- **No pase hambre.** Su cuerpo debe estar constantemente satisfecho. No es bueno para la salud (ni para el peso) sentir hambre. Cuando comemos con hambre, lo hacemos en mayores proporciones que las necesarias; es mejor comer un refrigerio y hacer una comida menos pesada.

- **No elimine comidas.** Es importante hacer todas y cada una de las comidas (aun cuando queramos adelgazar). Existen comidas saludables y fáciles de transportar, como barras de granola, manzanas, plátanos, etcétera.

- **Trate de no repetir alimentos.** Cuando organice los menús o elija lo que va a comer, trate de que su dieta de cada día incluya alimentos diferentes. Cuanto más variada sea, seguramente será más equilibrada.

- **Evite alimentos enlatados, precocidos o congelados.** Los alimentos enlatados tienen un alto contenido de conservadores; los precocidos pudieron perder sus propiedades durante el proceso de cocción y los congelados suelen tener demasiado tiempo en ese estado. Esto no quiere decir que deba retirarlos de su dieta, pero nada es mejor que la comida fresca.

- **Incluya alimentos de todos los grupos, si no en cada comida, durante el día.** Si no le es posible incluir alimentos de cada grupo en las tres comidas fuertes, inclúyalos en los refrigerios o en alguna de las comidas principales.

- **Cuide el tamaño de las porciones.** Recuerde que comer mucho no significa comer bien; con una porción de cada alimento es más que suficiente.

- **Trate de evitar el consumo de refrescos.** Es mejor beber agua, los refrescos contienen demasiada azúcar, y los de dieta tienen aspartame. Además, el gas puede producir problemas gástricos.

- **No exagere en el consumo de pan y tortillas.** Son saludables, pero si los consumimos en exceso, dejamos de comer otros alimentos.

- **No coma alimentos de un solo grupo.** De hacerlo, corre el riesgo de que, a la larga, su nutrición presente deficiencias.

- **Lave y desinfecte las moras y las verduras de hoja verde.** Es importante lavar toda la fruta y verdura, pero particularmente las moras y las verduras como lechuga, espinaca, acelgas, etcétera.

- **Tenga mucho cuidado en lavarse las manos antes de cocinar y/o de comer.** Aunque es una recomendación que constantemente nos hacen, algunas veces la olvidamos y si nuestras manos están sucias, podemos infectarnos de diversas enfermedades, entre ellas la hepatitis.

- **Pruebe siempre la comida antes de servirla a los niños.** Esta recomendación es importante, porque los niños no pueden distinguir cuando un alimento no está en buenas condiciones, pues no saben reconocer aún ciertos sabores.

- **Trate de evitar las golosinas.** Aunque no se puede evitar que los niños coman golosinas, trate de que su consumo sea el menor posible, basta con que en su alacena no haya dulces, chocolates y otros. Enséñeles a comer frutas o barras de granola a manera de golosina.

Recuerde que lo que hoy comen sus hijos puede reflejarse en su salud muchos años después.

Preguntas frecuentes

¿Qué alimentos puedo elegir para los refrigerios y sustituir la comida "chatarra"?

Para los refrigerios se recomiendan frutas y verduras, puede optar también por una barra de granola, atún o cualquier otra comida ligera. Lo importante es que el refrigerio quite el hambre sin ser pesado, para que no impida hacer la comida fuerte.

¿Debo retirar la comida "chatarra" de la dieta de mis hijos?

No es necesario, pero trate de que no la consuman con frecuencia porque tiene un bajo contenido nutritivo y quita el hambre, por lo que después es difícil que consuman alimentos más saludables. Déjelos comer comida "chatarra" de vez en cuando, pero no permita que sustituyan los alimentos por este tipo de productos.

En realidad, ¿qué es la comida "chatarra"?

Cuando hablamos de comida "chatarra" nos referimos a las frituras y todo tipo de golosinas. Algunas de estas comidas (como las papas fritas) tienen cierto contenido alimienticio, pero en general, son bajos en nutrimentos y altos en grasas y azúcares, por lo que su digestión puede ser difícil, producir obesidad, caries y, cuando el consumo es excesivo, desnutrición, pues quienes la comen en gran cantidad, suelen dejar de ingerir otro tipo de alimentos.

¿Cuántos litros de agua debemos beber al día?

Se suele recomendar dos litros diarios, pero nunca nos acordamos de que también obtenemos agua de otras fuentes, como las frutas y las verduras. Si bebemos menos de lo indicado, corremos el riesgo de deshidratarnos y padecer problemas gastrointestinales como el estreñimiento. Si nos excedemos en el consumo de agua, podemos perder nutrientes importantes a través de la orina.

¿Cuánto tiempo antes de dormir debo ingerir alimentos?

Para facilitar la digestión y no generar problemas durante el sueño, es conveniente concluir la ingesta de alimentos por lo menos una hora antes de ir a la cama.

La dieta de mis hijos, ¿debe ser igual a la mía?

No igual, pero sí parecida. Los niños tienen requerimientos distintos a los nuestros, necesitan un mayor consumo de alimentos de todos los grupos; esto no quiere decir que deban comer cantidades mayores a las nuestras, sino que debemos tener más cuidado en que su ingesta diaria sea más variada.

¿Es verdad que el ejemplo es importante para que los niños coman bien?

Es cierto y, por lo mismo, es importante que nuestros hijos nos vean comer de todo. Incluso debemos incluir en la dieta de los niños alimentos que a nosotros nos disgustan, pues deben probarlos y aprender a comerlos.

¿Es verdad que debo tener cuidado con lo que como cuando estoy lactando?

Así es. Algunos alimentos de difícil digestión pueden producir cólicos en los bebés. Cuide su alimentación, no ingiera comidas irritantes o con altos contenidos de grasa, pero no reduzca su dieta a sólo uno o dos platillos. Está comprobado que los niños comen mucho mejor cuando la dieta de sus madres durante el embarazo y la lactancia fue variada, pues reconocen los diferentes sabores y los disfrutan.

A mis hijos, por temporadas, les gusta alguna comida y después ya no quieren comerla. ¿Por qué?

Es normal, no se preocupe, pruebe nuevos alimentos. Esto está más relacionado con la posibilidad que "estrenan" los niños de elegir y ejercer control sobre lo que comen y lo que no, que con la comida misma. Como ya habíamos mencionado, no le obligue a comer, ya le volverá a gustar el alimento que ahora rechaza.

¿Es muy necesaria la leche para los niños?

Durante los primeros seis meses de vida, la leche es el alimento más importante y el resto de la comida es complementaria. A partir de los siete meses tanto el alimento sólido como la leche son importantes, pero después del primer año de vida, la leche es sólo un complemento. Si a su hijo no le gusta, no se preocupe, los nutrimentos que obtiene de la leche (como el calcio) puede conseguirlos en otros alimentos, como el queso o las tortillas. Una vez más, recuerde que un solo alimento no es útil, una dieta sana se obtiene de la combinación de varios de ellos.

A mis hijos no les gustan las verduras, ¿qué hago?

Ante todo, no se preocupe, ya les gustarán. De todas formas, es recomendable probar con diversas verduras, prepararlas de distintas maneras, o "esconderlas" entre los alimentos. Si aun así no las quieren comer, insista en que coma frutas y persista en el intento sin molestarse y sin tratar de obligarlos. Cuando menos lo piense, empezarán a comerlas, por eso es importante que las ofrezca constantemente.

Es muy difícil que los niños se coman todo lo que les sirvo, ¿qué puedo hacer para que coman alimentos de todos los grupos?

Puede hacer una de dos cosas: sirva porciones muy pequeñas de cada alimento o procure que el niño coma a lo largo del día, y no en una sola comida, alimentos de todos los grupos.

¿Cómo impido que mis hijos coman comida "chatarra"?

Algunas veces no podrá impedirlo, pero no se preocupe, basta con que es su casa no haya frituras ni golosinas. Ofrezca al niño fruta o verdura con limón, cereales, barras de granola, palomitas de maíz, etcétera. Verá que ante la falta de otro tipo de comida, el niño aceptará gustoso lo que le ofrece.

¿Es bueno que los niños coman huevo todos los días? Dicen que tiene mucho colesterol

Si, les hace bien. Hoy se sabe que el huevo no contiene tanto colesterol como se pensaba pero, si así fuera, los niños necesitan ingerir colesterol hasta concluir su maduración cerebral. Los problemas del colesterol, que es un tipo de grasa, comienzan cuando nuestro cuerpo ya no lo necesita y lo seguimos ingiriendo en grandes cantidades.

¿Es cierto que tengo que obligar a mis hijos a comer espinacas porque tienen mucho hierro?

Las espinacas efectivamente contienen hierro, pero no más que otros productos de hojas verdes o que algunos de origen animal como el hígado. Ningún alimento por sí solo es suficiente para aportar los nutrientes necesarios. Si su hijo tiene una dieta variada, seguramente estará bien alimentado; no lo obligue ni lo fuerce, en sentido estricto ningún alimento es mejor que otro.

¿Debo retirar las grasas por completo para que mi alimentación sea más sana?

No, el cuerpo necesita grasas para funcionar adecuadamente, lo importante es no abusar de su consumo, tratar de reducirlas y utilizar grasas vegetales, como el aceite de oliva, en lugar de las grasas animales como la manteca. Son más sanas las grasas que no se vuelven sólidas al enfriarse.

¿Qué pasa con los vegetarianos?

Los vegetarianos retiran las carnes rojas de sus dietas, pero consumen pescado y, algunas veces, pollo. También consumen cereales, tubérculos y semillas (como nueces), por lo que su alimentación sigue siendo balanceada.

¿Por qué los niños no deben consumir alimentos *light*?

Por lo general, los alimentos *light* contienen aspartame o fenilalanina que, en grandes cantidades, ocasionan alteraciones en el cuerpo a diferentes niveles, así que no es sano consumirlos, ni siquiera los adultos deben tomarlos en exceso. Respecto a los productos "bajos en grasas", no hay problema, pues no contienen sustancias nocivas para el organismo, simplemente tienen un menor contenido graso. En cualquier caso, es importante seguir los consejos del fabricante y revisar la etiqueta para conocer el contenido de los alimentos empacados, sean o no *light*.

¿Es bueno comer las frutas y las verduras crudas o es mejor cocerlas?

Es mejor comerlas crudas y con cáscara, de preferencia. Las verduras podemos comerlas asadas o al vapor. Cuando los alimentos se someten al proceso de cocción, pierden algunas de sus propiedades, sobre todo si los cocemos durante mucho tiempo y con mucha agua. Las cáscaras, por otra parte, constituyen una fuente de fibra importante para el buen funcionamiento de nuestros intestinos.

¿Qué pasa si me salto una comida?

En sentido estricto no pasa nada, lo malo es cuando esa comida se salta todos los días. Cuando el cuerpo no recibe alimento de manera constante, crea reservas mayores de grasa; cuando comemos regularmente, nuestro cuerpo no necesita almacenar de más y elimina con mayor facilidad aquello que no necesita.

¿Basta con comer de más un día para engordar?

No, tendríamos que comer constantemente de más para subir de peso. Por un día no pasa nada si el resto de la semana llevamos una dieta equilibrada y ordenada.

No como mucho y aun así tengo kilos de más, ¿por qué me pasa?

Se puede deber a diversos factores. Probablemente aunque coma poco no está comiendo de manera balanceada; también es posible que lo poco que come tenga altos contenidos calóricos, puede estar haciendo sólo una o dos comidas al día o puede tener un problema metabólico. Si después de reorganizar su dieta sigue con sobrepeso, es mejor que consulte a un nutriólogo.

Organice su dieta y la de su familia y disfruten la comida. Balancear los alimentos no implica grandes dificultades ni platillos complicados. Y una vez más, si se siente confundido o no sabe cómo organizar su dieta, consulte a un especialista.

Recuerde que la forma en la cual presentamos la comida a nuestros hijos es importante; primero, para asegurarnos que estén bien nutridos, pero también tiene un componente que incide directamente en la conducta, así que cuidar la manera en la que los alimentamos también es una forma de protegerlos (o de ponerlos en riesgo) del posible desarrollo de trastornos alimentarios.

Cuando los alimentamos no sólo los nutrimos, sino que les enseñamos a establecer hábitos; algunos pueden ser saludables, como comer a ciertas horas, respetar los horario, tomar un refrigerio pero no comer todo el día, comer despacio, con calma, etcétera; pero sin querer, podemos enseñarles hábitos poco saludables, como sustituir por dulces otro tipo de alimentos, no respetar los horarios, no darle importancia a comer o darle demasiada importancia, que la comida es un momento de discusión y no para pasarla bien, etcétera.

Si somos capaces de enseñarles que la comida es buena, que constituye un placer del cual debemos disfrutar y que podemos comer todo lo que nos gusta sin enfermarnos y sin engordar siempre y cuando cuidemos las porciones y el tipo de alimentos, les estamos enseñando a relacionarse de manera saludable con la comida, pues quienes padecen trastornos de la alimentación le temen a la comida, creen que les va a engordar y que disfrutarla es un error, por lo que comer genera culpa.

Entonces, si logramos que nuestros hijos establezcan desde pequeños una buena relación con la comida, una actitud positiva hacia la alimentación y generamos conocimientos sencillos y claros acerca de cómo alimentarse mejor, seguramente lograremos que se sientan más tranquilos y confiados respecto a la comida. Si se enferman por comer mal, engordan por comer de más, optan por un alimento y no por otro, la decisión será de ellos; tendrán control sobre lo que comen y asumirán las consecuencias, y no sentirán, como es el caso de quienes padecen trastornos de la alimentación, que la comida los controla a ellos, los engorda y los hace sentir mal; que la comida es mala y se debe evitar.

Así, aunque no lo parezca, la forma en que alimentamos a los niños desde pequeños, la forma en que les presentamos la comida, los alimentos que les presentamos, los horarios que imponemos, la forma en que nosotros mismos nos relacionamos con la comida, son fundamentales como factores protectores de los trastornos de la alimentación. Es por ello que, a continuación, presentamos algunos ejemplos de comidas saludables y los requerimientos para cada grupo de edad.

¿Cuál es la alimentación más saludable para cada grupo de edad?

Desde que nacemos y hasta que nos convertimos en adultos mayores, nuestros cuerpos están sometidos a diferentes ritmos metabólicos. Por ejemplo, durante los primeros años el crecimiento requiere una gran cantidad de energía, pero cuando dejamos de crecer, al alcanzar las dimensiones que conservaremos durante nuestra vida adulta, ya no empleamos calorías en ese proceso.

A lo largo de este tiempo, nuestra forma de vida también se modifica, nuestras actividades cambian y, en la mayor parte de los casos, tendemos a una existencia cada vez más sedentaria; en la medida en que nos hacemos mayores, pasamos más tiempo sentados y la cantidad de movimiento diario suele decrecer. Cuando somos niños, corremos, jugamos, saltamos; cuando somos adolescentes, bailamos, caminamos, etcétera; cuando somos adultos jóvenes, pasamos la mayor parte del día sentados y cuando somos adultos mayores, nuestro cuerpo no nos permite movernos con la facilidad y la agilidad con la que usualmente lo hacíamos.

El cuerpo de los niños está centrado en el crecimiento; en adolescentes y adultos jóvenes, la función más importante es la reproductiva y en los adultos mayores, el cuerpo se centra en el mantener el correcto funcionamiento de los aparatos y sistemas. Así, a lo largo de la vida nuestras necesidades cambian, pues estamos sujetos a exigencias distintas en cada etapa. Como consecuencia, también tenemos necesidades alimentarias diferentes.

El bebé de 0 a 6 meses

✓ El mejor alimento para un recién nacido es la leche materna. En principio, cualquier mujer es capaz de alimentar a su bebé, en algunas se presentan dificultades para producir la leche. En esos casos, existen fórmulas lácteas bien balanceadas que resultan buenos sustitutos.

✓ La leche materna (o la fórmula láctea especialmente diseñada para recién nacidos) contienen los nutrimentos necesarios para el bebé, por lo que no hacen falta complementos para su alimentación. De hecho, tampoco es necesario dar al bebé ningún otro líquido; la leche es suficiente para mantenerlo hidratado.

✓ En la alimentación del recién nacido, la higiene es fundamental. La leche materna también es la mejor opción en este sentido, pues está libre de bacterias, no se echa a perder y siempre está a la temperatura adecuada.

✓ La mujer que amamanta debe cuidar su propia alimentación, pues si consume alimentos irritantes, grasosos o picantes su leche puede producir cólicos en el niño. Su alimentación debe ser variada, pues durante la lactancia e, incluso, en el vientre, el niño es capaz de percibir diferencias gustativas. Los niños cuyas madres tuvieron una alimentación variada durante el embarazo y la lactancia, aceptan más fácilmente los diferentes sabores durante el proceso de ablactación.

✓ Si es necesario darle fórmula al bebé, se debe cuidar que las mamilas y los chupones estén perfectamente limpios y esterilizados, pues todavía no cuenta con anticuerpos suficientes para hacer frente a posibles infecciones estomacales.

✓ Aunque por su alto contenido de grasa la fórmula láctea es propicia para el desarrollo de microorganismos como las bacterias, y aunque la saliva del niño puede descomponer la fórmula, las bacterias no surgen de inmediato y la saliva enturbia el líquido a gran velocidad. Es por ello que si el bebé no termina una toma, puede guardarse para la siguiente comida. También podemos utilizar una mamila para dos comidas sin poner en peligro al bebé.

✓ Algunos pediatras recomiendan que a partir de los cuatro meses el bebé empiece a comer algunos sólidos como cereales o algunas frutas; con ello dan inicio al proceso de ablactación. Ya habíamos dicho que durante los primeros seis meses de vida no hace falta más que la leche para que se mantenga bien alimentado; de modo que introducir sólidos sirve, esencialmente, para que se inicie en el proceso de alimentación y aprenda a tragar, pero aún no tiene fines nutrimentales.

✓ Los alimentos sugeridos para iniciar el proceso de ablactación son cereales especiales para bebé, de un solo grano y sin miel, u otros agregados, plátanos, manzanas y peras cocidas. El cereal puede prepararse con leche, un poco de jugo o, incluso, con agua.

✓ Inicialmente el niño apenas prueba la comida; poco a poco irá aumentando su consumo. Es recomendable empezar con los alimentos salados y después los dulces, para que vaya diferenciando sabores. Es probable que si le da los dulces primero, después no quiera los salados.

✓ A partir de que se inicia el proceso de ablactación y hasta que el niño cumple cuatro o cinco años, es importante que usted pruebe todos los alimentos antes de dárselos, pues el niño aún no sabe distinguir cuando algo sabe bien o sabe mal, y no es capaz de diferenciar alimentos descompuestos o en proceso de descomposición. Incluso, debe probar los alimentos enlatados o envasados.

El bebé de 6 meses a 1 año

➡ Durante esta edad, la comida empieza a jugar un papel más importante, aunque la leche sigue siendo el elemento principal para la nutrición.

➡ A partir del sexto mes se puede ampliar el número de alimentos que se le dan. Del sexto al noveno mes se adicionan algunas leguminosas, como frijol o lentejas y carne de pollo y de res.

➡ Del noveno al doceavo mes puede comer de todo, excepto alimentos irritantes o muy condimentados; específicamente se debe evitar el consumo de fresas, huevo, pescados, mariscos y chocolate, pues son altamente alergénicos.

➡ Dado que lo más importante sigue siendo la leche, es recomendable ofrecerle primero el biberón y luego la comida o, lo que es mejor, alternar las comidas, o sea, que tome su mamila en la mañana, una o dos horas después el desayuno, a media mañana su mamila, al mediodía la comida, a media tarde mamila, en la noche la cena y, antes de dormir, leche otra vez. En términos alimentarios, es mejor hacerlo de esta forma pues no deja de comer por tomar leche ni deja de tomar leche por comer.

➠ Es el momento de que vaya estableciendo horarios. Durante esta etapa y el resto de la infancia, es importante respetar, en la medida de lo posible, los horarios del niño. Si tiene horarios y rutinas establecidas, será más tranquilo, comerá y dormirá mejor.

➠ Pueden empezar a introducirse en su alimentación otros líquidos además de la leche. Si llora y no es hora de comer, probablemente tenga sed; vale la pena, entonces, darle un poco de agua.

➠ Muchas personas optan por dar al bebé jugos y tés; aunque ésta es una decisión personal, es recomendable acostumbrar al niño a tomar agua natural, costumbre muy sana. El té es bueno, particularmente el de manzanilla, para calmar algunos malestares estomacales, pero debe prepararse sin azúcar. Los jugos tienen valor nutrimental pero también contienen altos niveles de azúcar, por lo que pueden engordar más de lo que nutren.

➠ No obligue a los bebés a comer, tampoco insista en un alimento si el niño muestra desagrado; es mejor dejar que él mismo establezca sus preferencias y la cantidad de comida que necesita.

➠ Cuando sea posible, es bueno dejarlo que toque la comida con sus manitas y que él mismo se alimente aunque se ensucie. Eso facilitará el uso posterior de cubiertos pero, sobre todo, permite establecer una buena relación con la comida.

➠ La comida del niño debe ser "sabrosa", de sabor agradable, sean papillas o purés. Las papillas pueden prepararse con caldo de pollo, res o frijol; se puede agregar un poco de consomé o de sal para sazonar. A los purés se les puede agregar mantequilla o azúcar. El niño debe disfrutar la comida, aprender desde edades tempranas que es un placer y no un castigo o un mal necesario.

➡ Dele a probar todos los alimentos posibles, sabores y texturas, no los restrinja a sólo unos cuantos; es bueno que el niño pruebe y decida lo que le gusta o no. Debemos enseñarle toda la gama, él elegirá.

➡ No piense sólo en el valor nutritivo, cuide también que alimentarse sea un acto placentero.

El niño de 1 a 4 años

✔ La leche deja de ser el alimento más importante y se convierte sólo en un complemento; la mayor parte de los nutrientes se obtienen de los otros grupos alimenticios. Ya no es necesario que tome más de dos mamilas; de hecho, a partir de los dos años es conveniente retirarlas por completo para evitar futuros problemas en paladar y dientes.

✔ También es momento de que deje el pecho o la fórmula láctea y se inicie el consumo de leche de vaca, siempre y cuando el pediatra lo autorice. En algunos casos, vale la pena darle las primeras tomas con leche diluida en agua y poco a poco aumentar la cantidad de leche, para que su estómago se acostumbre.

✔ Organizar sus comidas en cinco momentos: desayuno, refrigerio, comida, refrigerio y cena. En alguna de las tres comidas principales, incluya un producto lácteo (dado que ya no tomará tanta leche como lo hacía antes) y para los refrigerios, conviene ofrecer frutas, verduras o cereales y evitar los alimentos chatarra.

✔ Aunque el niño sigue en crecimiento, este proceso se desacelera; si antes del primer año el bebé crecía 1 o 2 cm y subía 500 g de peso al mes, ahora crecerá más despacio y ganará peso en periodos más prolongados. Si ya no crece tan rápido, entonces ya no requiere tantas calorías. Sus necesidades alimenticias, por tanto, se reducen conforme avanza el tiempo; el niño de un año debe comer más que el de tres o cuatro.

✓ Es importante no excederse en el tamaño de las porciones y no obligar al niño a comer más de lo que necesita. Recuerde que algunos días puede sentir más hambre que otros y que eso es normal. Lo único que no debe permitir es que no coma alimentos realmente nutritivos o que los sustituya por dulces o golosinas con el pretexto de que "no tiene hambre".

✓ Presentar los alimentos en porciones pequeñas (razonables para su edad y tamaño). Una porción adecuada es equivalente a la comida que cabe en la palma de la mano de quien lo va a ingerir.

✓ La comida debe servirse en trozos pequeños para que el niño aprenda a masticar adecuadamente, no tenga problemas al tragar ni alteraciones digestivas posteriores. Debemos enseñarle a comer pausadamente.

✓ El niño debe integrarse a la dieta familiar y comer, en la medida de lo posible, los mismos alimentos que el resto de la familia. También debe iniciarse en el uso de cubiertos, sentarse a la mesa, etcétera.

✓ Es importante propiciar un ambiente afectivo y agradable a la hora de la comida. Si es posible, coma con sus hijos; si no, hábleles, juegue, platique. Esto propiciará que coman bien y no utilicen este momento para sacarlo de sus casillas.

✓ Trate de que su hijo practique algún deporte o lleve a cabo alguna actividad física, pues mejorará su apetito y se favorecerá el proceso de digestión y crecimiento.

✓ En este momento empieza a dificultarse seguir el ritmo diario de alimentación durante los fines de semana o las vacaciones. No se preocupe, si durante la semana el niño se alimenta sanamente, dentro de sus horarios y con comidas bien preparadas y balanceadas, no importa si los fines de semana o en las vacaciones consume más golosinas, rompe los horarios o no se alimenta tan saludablemente. No obstante, debemos procurar que todos los días se consuman alimentos de todos los grupos.

✓ Si se le dificulta organizar los menús diarios, tampoco se preocupe. Aunque el ideal es que el niño coma un alimento de cada grupo en cada comida, con que coma alimentos de todos los grupos a lo largo del día es más que suficiente.

✓ Trate de evitar que se aficionen a los refrescos. El refresco no les hace daño, a menos que lo tomen en exceso, pero tampoco les hace bien. No tiene valor nutrimental alguno, contiene demasiada azúcar, lo cual los engorda y les pica los dientes y tiene gas, que produce sensación de saciedad y quita el hambre. Es mejor que tomen agua, ya sea natural o de sabores. Esta última, al estar preparada con frutas, favorece la nutrición y al tener azúcar, aporta energía sin que el aporte sea excesivo.

✓ El exceso de azúcar puede producir exceso de energía. Cuando los niños comen demasiados dulces, por ejemplo, se les observa más activos. Trate de que no coman alimentos con altos contenidos de azúcar durante la cena si quiere que duerman bien.

El niño de 5 a 9 años

➤ Durante esta etapa los niños empiezan a tener inclinaciones claras hacia unos u otros alimentos. Pueden preferir lo salado, lo dulce, lo agrio, etcétera, y debemos orientarlos para que no exageren en el consumo de alguno ni desplacen otros alimentos.

➡ Es más frecuente el consumo de "comida chatarra", por lo que se debe restringir el acceso a este tipo de productos.

➡ En esta fase el niño se integra de lleno a la escuela. Empieza a tener exigencias escolares mayores y la demanda de energía para cumplir con sus actividades se incrementa. Por ello, es importante que desayune y que el refrigerio sea alto en carbohidratos para tener un buen aporte de energía (más adelante daremos algunos ejemplos).

➡ Trate de evitar los licuados, son muy pesados para el estómago y suelen desagradarle a los niños, que los toman por obligación. Aunque por lo general entran muy temprano a la escuela y es difícil darles un buen desayuno, existen opciones fáciles y rápidas. El desayuno puede ser ligero siempre y cuando el refrigerio responda a sus necesidades calóricas. También durante el trayecto de casa a la escuela puede comer frutas, barras de cereal, etcétera.

➡ Cuide que el refrigerio esté constituido por alimentos de fácil conservación, que no sean demasiado susceptibles al calor y consecuente descomposición.

➡ A fin de que los hábitos antes establecidos no se rompan, insista en respetar los horarios y en que se hagan, por lo menos, cuatro comidas al día: desayuno, refrigerio, comida y cena. Sobre todo el refrigerio de la mañana es importante.

El niño de 10 años hasta el adolescente de 19

✓ Empiezan a tener más control sobre lo que comen y pasan menos tiempo en casa, por lo cual es más difícil supervisarlos. No obstante, debemos asegurarnos de que estén bien nutridos.

✓ Durante esta etapa se vuelve a acelerar el crecimiento y los procesos de nutrición, por lo que se incrementan sus necesidades alimenticias. Es importante que ellos decidan la cantidad que ingieren y que usted los ayude a regular su consumo indicándoles qué alimentos son mejores para su consumo y qué momentos son los adecuados.

✔ Al adquirir mayor independencia y dado que están muy interesados en ejercerla, resulta una buena idea enseñarles a prepararse sus alimentos, explicándoles en qué consiste una comida balanceada y haciendo hincapié en las normas no lastimarse y para que la preparación resulte higiénica.

✔ Es necesario aumentar el consumo de alimentos ricos en hierro, calcio y ácido fólico que se encuentran en mayores cantidades en los de origen animal, verduras y cereales.

De 20 años en adelante

➧ A partir de los 20 años, la alimentación depende de la actividad que cada individuo suela realizar el tipo de vida que lleva y el momento específico en el que se encuentra, por lo que es difícil hablar en términos generales. Las mujeres embarazadas o lactando, por ejemplo, deben adecuar la alimentación a ese momento.

➧ La alimentación que se elige también depende del estado de salud de cada persona y de sus requerimientos específicos, si tiene o no tendencia al sobrepeso e, incluso, de sus creencias, ideología y filosofía de vida.

➧ En cualquier caso, es importante que la dieta sea variada, tener horarios establecidos, evitar las comidas rápidas y consumir alimentos de todos los grupos.

➧ Si tiene alguna duda de qué tipo de alimentación es mejor para usted o para algún miembro de su familia, puede consultar a un experto, que después de una evaluación general, podrá hacerle recomendaciones específicas.

Ejemplos de menús saludables

Para el bebé de 6 meses a 1 año*

Menú 1 •————————————

7:00 am	Leche
8:30 am	Manzana cocida y cereal
11:00 am	Leche; siesta
13:30 pm	Papilla de pollo con espinacas; flan
17:00 pm	Leche
19:00 pm	Pera cocida; cereal
20:30 pm	Leche; hora de dormir

Menú 2 •————————————

7:00 am	Leche
8:30 am	Pera cocida; cereal
11:00 am	Leche; siesta
13:30 pm	Papilla de res con papa; gelatina de yogurt
17:00 pm	Leche
19:00 pm	Puré de frijol; pera cocida
20:30 pm	Leche; hora de dormir

Menú 3 •————————————

7:00 am	Leche
8:30 am	Puré de plátano; cereal
11:00 am	Leche; siesta
13:30 pm	Papilla de verduras (papa y zanahoria); cajeta
17:00 pm	Leche
19:00 pm	Puré de jamón con mayonesa y manzana cocida
20:30 pm	Leche y hora de dormir

————————————

*Como los bebés comen cantidades mínimas de alimento, se pueden preparar dos o tres papillas y repetirlas durante la semana.

Menú 4 •────────────────

7:00 am	Leche
8:30 am	Puré de durazno cocido y cereal
11:00 am	Leche y siesta
13:30 pm	Puré de lentejas con jamón; natillas
17:00 pm	Leche
19:00 pm	Puré de frijol; pera cocida
20:30 pm	Leche; hora de dormir

Menú 5 •────────────────

7:00 am	Leche
8:30 am	Chicozapote; cereal
11:00 am	Leche; siesta
13:30 pm	Papilla de pavo con ejotes y chícharos; yogurt natural
17:00 pm	Leche
19:00 pm	Puré de papa con queso rayado; manzana cocida
20:30 pm	Leche; hora de dormir

Menú 6 •────────────────

7:00 am	Leche
8:30 am	Puré de mango; cereal
11:00 am	Leche; siesta
13:30 pm	Puré de papa con queso rayado; natillas
17:00 pm	Leche
19:00 pm	Puré de frijol; yogurt
20:30 pm	Leche; hora de dormir

Menú 7 •────────────────

7:00 am	Leche
8:30 am	Manzana cocida; cereal
11:00 am	Leche; siesta
13:30 pm	Puré de lenteja zanahoria; cajeta
17:00 pm	Leche
19:00 pm	Puré de espinaca; manzana cocida
20:30 pm	Leche; hora de dormir

Para el niño de 1 a 4 años*

Menú 1 ●————————————

Desayuno: Huevo revuelto con jamón; papaya
Refrigerio: Barra de granola; jícama con limón
Comida: Arroz con zanahorias, chícharos y trocitos de pollo; yogurt
Refrigerio: Palomitas de maíz
Cena: Mollete con queso; manzana

Menú 2 ●————————————

Desayuno: Pan francés con miel; melón
Refrigerio: Zanahorias ralladas; una galleta
Comida: Sopa de pasta con pollo y espinacas; flan
Refrigerio: Manzanas con limón
Cena: Cereal con leche y plátano

Menú 3 ●————————————

Desayuno: Huevo estrellado; pera
Refrigerio: Galleta de avena; pepinos
Comida: Espagueti boloñesa con zanahoria rallada; cajeta
Refrigerio: Mango
Cena: Frijoles de la olla con queso; tortilla

Menú 4 ●————————————

Desayuno: Hot cakes con tocino, mantequilla y miel; manzana
Refrigerio: Betabel rayado con limón
Comida: Croqueta de atún; puré de papa
Refrigerio: Barra de granola
Cena: Quesadilla con jamón; papaya

Menú 5 ●————————————

Desayuno: Mollete con queso; jugo de naranja

————————————

*Recuerde que las porciones deben ser pequeñas (adecuadas a la edad y complexión del niño).

Refrigerio: Cacahuates
Comida: Taco de huevo; arroz con leche
Refrigerio: Manzanas
Cena: Calabacitas con mantequilla; galleta

Menú 6 •————————————

Desayuno: Huevo revuelto con queso; papaya
Refrigerio: Ejotes
Comida: Lasaña de verduras; gelatina de yogurt
Refrigerio: Barra de granola
Cena: Enfrijolada

Menú 7 •————————————

Desayuno: Sope con crema y queso; jugo de mandarina
Refrigerio: Uvas; galleta
Comida: Taco de pollo con aguacate
Refrigerio: Yogurt
Cena: Sándwich de atún

Menú 8 •————————————

Desayuno: Huevo estrellado; durazno
Refrigerio: Jícama; galleta
Comida: Filete de pescado; papas a la francesa
Refrigerio: Cereal
Cena: Quesadilla; uvas

Para el niño mayor de 5 años y el adolescente*

Menú 1 •————————————

Desayuno: Huevo revuelto con jamón; jugo de naranja;
               galletas
Refrigerio: Sándwich de jamón; manzana

———————————

*Todo en porciones adecuadas para cada grupo de edad. No olvide que comer es bueno y que nos sentimos mal, engordamos o nos debilitamos cuando comemos mal y nos excedemos en alimentos de un solo grupo alimenticio.

Comida: Sopa de pasta; carne asada; calabazas; flan
Refrigerio: Jícamas con limón
Cena: Cereal; yogurt; plátano

Menú 2 •━━━━━━━━━━━━━━━

Desayuno: Chilaquiles; frijoles; papaya
Refrigerio: Ensalada de atún; barra de granola
Comida: Arroz con plátano; albóndigas; gelatina de yogurt
Refrigerio: Ensalada de jícama, pepino y betabel
Cena: Calabacitas rellenas de jamón; pan dulce

Menú 3 •━━━━━━━━━━━━━━━

Desayuno: Huevos estrellados; melón; pan tostado
Refrigerio: Sándwich de pollo; papas fritas
Comida: Espagueti con crema; filete de pescado con
            ensalada de verduras; natillas
Refrigerio: Yogurt; uvas
Cena: Sincronizadas; frijoles

Menú 4 •━━━━━━━━━━━━━━━

Desayuno: Pan francés; jugo de toronja
Refrigerio: Barra de granola; manzana; yogurt
Comida: Ensalada verde; croquetas de atún; puré de papa;
            arroz con leche
Refrigerio: Jícamas; galletas
Cena: Frijoles de la olla; tortilla; uvas

Menú 5 •━━━━━━━━━━━━━━━

Desayuno: Hot cakes con tocino; durazno
Refrigerio: Ensalada de jícama, betabel y pepino;
            barra de granola
Comida: Sopa de verduras; tacos de pollo o res; cajeta
Refrigerio: Palomitas de maíz
Cena: Ensalada de frutas; galletas

Menú 6 ●————————————

Desayuno:	Ensalada de frutas; yogurt; cereal
Refrigerio:	Ensalada rusa; galletas
Comida:	Crema de espinacas; lasagna de verduras; flan
Refrigerio:	Yogurt; barra de granola
Cena:	Sándwich de pollo; papaya

Menú 7 ●————————————

Desayuno:	Huevos revueltos; mango; pan tostado
Refrigerio:	Sándwich de atún; manzana
Comida:	Sopa de lentejas; filete de pescado con puré de papa; arroz con leche
Refrigerio:	Barra de granola; uvas
Cena:	Frijoles de la olla; pan tostado; papaya

Si aprendemos a comer y, sobre todo, si enseñamos a nuestros hijos a comer saludablemente, podremos evitar enfermedades, tendremos más energía y nuestro rendimiento será el adecuado. Si a una buena alimentación añadimos un poco de ejercicio diario (basta con caminar), nuestra calidad de vida y la de nuestros hijos será mayor.

Si nuestros hijos son propensos a desarrollar problemas con su imagen, o incluso trastornos de la conducta alimentaria, podremos protegerlos o favorecer su tratamiento, si es el caso, facilitándoles el acceso a alimentos variados y que les permitan tener un peso saludable.

Glosario

Ablactación: proceso de iniciación al consumo de alimentos sólidos.

Alimentación: conjunto de procesos biológicos, psicológicos y sociológicos relacionados con la ingestión de alimentos.

Alimentario: término que hace referencia a las conductas, hábitos y costumbres asociados con el proceso de alimentación.

Alimenticio: término que hace referencia al aspecto nutricional de la alimentación.

Anabolismo: proceso mediante el cual el organismo almacena energía para el crecimiento y la reparación de los tejidos.

Ansiedad: estado emocional que se caracteriza por sentimientos de tensión y de aprensión y por un aumento de la actividad del sistema nervioso autónomo.

Anorexia: falta de alimentación, negativa a alimentarse, suspensión del proceso alimentario.

Anorexia nerviosa o nervosa: trastorno alimentario fundamentado en el miedo a engordar y el deseo de enflacar, por lo que se deja de comer para alcanzar el peso deseado, a pesar de estar delgado y del peligro inminente de una desnutrición.

Atracón: comer excesivamente, de manera rápida, sin parar y en un lapso corto.

Autoestima: sentimientos de aprecio hacia uno mismo, nuestras características y nuestra apariencia física.

Autoconcepto: forma en que nos vemos, lo que pensamos acerca de nosotros mismos y lo que creemos acerca de nuestras capacidades.

Autonomía: capacidad de regirse a sí mismo, tomar decisiones y actuar de manera responsable.

Bulimia: trastorno de la conducta alimentaria caracterizado por la presencia de atracones seguidos de conductas compensatorias como vomitar, usar laxantes o hacer ejercicio excesivo, que tienen por objeto no subir de peso y/o adelgazar.

Caloría: cantidad de energía necesaria para elevar la temperatura de 1 ml de agua en 1 °C.

Catabolismo: proceso mediante el cual los compuestos químicos de los alimentos se reducen en sustancias muy simples que liberan la energía necesaria para el funcionamiento de las células.

Cognición: procesos de pensamiento que nos permiten conocer el mundo. Engloba funciones tales como la memoria, la atención, el razonamiento, el lenguaje y todo lo relacionado con el análisis y la síntesis de la información proveniente del medio.

Comer compulsivo: trastorno de la alimentación que consiste en atracones frecuentes que tienen como objetivo obtener bienestar y satisfacción, aunque el resultado es sentirse aun peor.

Conducta compensatoria: cualquier conducta que se lleve a cabo para evitar engordar después de haber comido.

Depresión: tristeza que va desde un abatimiento ligero hasta una desesperación en grado extremo.

Dieta: conjunto de alimentos y platillos que se consumen cada día.

Digestión: proceso que implica la ingestión de los alimentos, su descomposición, absorción, transporte y almacenamiento de nutrimentos y la eliminación de los constituyentes no nutricios.

Fórmula láctea: sustancia que pretende reproducir las características de la leche natural, por lo que debe contener ciertos porcentajes de grasas y proteínas. No toda la leche en polvo puede ser considerada una fórmula láctea, y no todas las fórmulas lácteas son alimento para recién nacidos.

Gónadas: órganos que producen las hormonas sexuales, testículos en los hombres y ovarios en las mujeres.

Imagen corporal: percepción que tenemos del cuerpo y de cada una de sus partes, cómo lo experimentamos y las actitudes, pensamientos, sentimientos y valoraciones que hacemos respecto al mismo.

Impulsividad: falla para ejercer control sobre las propias acciones, lo que nos hace actuar de manera arrebatada, sin detenernos a pensar en las posibles consecuencias de nuestros actos.

Introspección: proceso mediante el cual "miramos hacia adentro" de nosotros mismos para analizar nuestras emociones, sensaciones y pensamiento.

Intelectualización: proceso mediante el cual racionalizamos nuestras emociones y sensaciones, y generamos explicaciones lógicas acerca de ellas.

Macronutrientes: compuestos que constituyen la fuente de energía para el organismo; son la base para la mayor parte de la estructura corporal (carbohidratos, grasas y proteínas).

Menarca: primera menstruación.

Metabolismo: proceso mediante el cual el cuerpo puede aprovechar los nutrientes y la comida se convierte en energía.

Micronutrientes: compuestos orgánicos que no producen energía (vitaminas y minerales).

Nutrición: proceso por medio del cual el organismo aprovecha los alimentos al extraer las sustancias que necesita para su buen funcionamiento.

Nutrimento: sustancias presentes en los alimentos que pueden ser metabolizados por el organismo.

Obesidad: enfermedad caracterizada por el exceso de tejido adiposo en el organismo.

Pensamiento abstracto: procesos mentales que nos sirven para manejar información que no tiene un correlato concreto, como ideas, hipótesis y conceptos tales como belleza, justicia, libertad, bondad, etcétera.

Pensamiento de segundo orden: procesos mentales que nos permiten pensar en nuestros propios pensamientos.

Pubertad: primera parte de la adolescencia, por lo que también se le llama *preadolescencia*. Durante esta fase, se inician los cambios físicos y hormonales que determinan el desarrollo de los caracteres sexuales secundarios.

Síntoma: señal de un trastorno o malestar. Es la manifestación de que algo no funciona como debería.

Trastorno de la conducta alimentaria: alteración de las conductas relacionadas con la forma de comer, debido a la necesidad de adelgazar o al temor de engordar.

Bibliografía

Álvarez, G. *et al.*, "Sintomatología en jóvenes con trastorno alimentario: Estudio transcultural México-España", en *La Psicología Social en México*, vol. VIII, 2000, pp. 582-589.

Assema, P. *et al.*, "Framing of Nutrition Education Messages in Persuading Consumers of the Advantages of a Healthy Diet", en *Journal of Human Nutrition Dietet*, núm. 14, 2001, pp. 435-442.

Bacardi-Gascon, M., "An Evaluation of Two Mexican Food Guides", en *International Journal of Food Sciencies and Nutrition*, núm. 53, 2002, pp. 163-169.

Becker, A. *et al.*, "Eating Disorders", en *The New England Journal of Medicine*. vol. 340, 1999, pp. 1092-1098.

Bemporad, J.R., "Self-starvation Through the Ages: Refections on the Pre-history of Anorexia Nervosa", en *International Journal of Eating Disorders*, vol. 19, 1996, pp. 217-237.

Bowlby, J., *La separación afectiva*, Paidós, Barcelona, 1985.

Brusset, B., "La expresión somática: La anorexia mental de las adolescentes", en S. Lebovici, R. Diatkine y M. Soulé (eds.), *Tratado de psiquiatría del niño y del adolescente*, t. IV, Madrid, Biblioteca Nueva, 1990.

Canettia, L.; E. Bacharb y E. Berry, "Food and Emotion", en *Bahavioural Processes*, vol. 60, núm. 2, 2002, pp. 157-164.

Caroli, M. y D. Lagravinese, "Prevention of Obesity", en *Nutrition Research*, núm. 22, 2002, pp. 221-226.

Cash, T.F. y T.A. Brown, "Body Image in Anorexia Nervosa and Bulimia Nervosa: a Review of the Literature", en *Behavior Modification*, núm. 11, 1987, pp. 487-521.

Chubb, N.H.; C.I. Fertman y J.L. Ross, "Adolescent Self-esteem and Locus of Control: A Longitudinal Study of Gender and Age Differences", en *Adolescence*, vol. 32, 1997, pp. 113-129.

Claymad, C.B., *Dieta y nutrición, Biblioteca Médica Familiar*, León, Everest, 1991.

Connan, F., "Machismo Nervosa: An Ominous Variant of Bulimia Nervosa", en *European Eating Disorders Review*, vol. 6, 1998, pp. 154-159.

Cooper, M. y A. Burrows, "Underlying Assumptions and Core Beliefs Related to Eating Disorders in the Mothers of Overweight Girls", en *Behavioral and Cognitive Psychotherapy*, núm. 29, 2001, pp. 143-149.

Cooper, Z. y C.G. Fairbum, "Refining the Definition of Binge Eating Disorder and Nonpurging Bulimia Nervosa", en *International Journal of Eating Disorders*, núm. 34, 2003, pp. 589-595.

Cortés, L. *et al.*, "Autoconcepto y ambiente familiar en niños", en *La Psicología Social en México*, vol. VIII, 1998, pp. 127-133.

Crispo, R.; E. Figueroa y D. Guelar, *Anorexia y bulimia: Lo que hay que saber. Un mapa para recorrer el territorio trastornado*, Barcelona, Gedisa, 1998.

Crosscope-Happel, C. *et al.*, "Male Anorexia Nervosa: A New Focus", en *Journal of Mental Health Counseling*, vol. 22, 2000, pp. 365-371.

Deep, A. *et al.*, "Sexual Abuse in Eating Disorders Subtypes and Control Women: The Role of Comorbid Substance Dependence in Bulimia Nervosa", en *International Journal of Eating Disorders*, núm. 25, 1999, pp. 1-10.

Delvenne, V. *et al.*, "Brain Hipometabolism of Glucose in Anorexia Nervosa: a PET-scan Study", en *Biological Psychiatry*, núm. 37, 1995, pp. 161-169.

_____, "Brain Hypometabolism of Glucose in Bulimia Nervosa", en *International Journal of Eating Disorders*, núm. 21, 1997, pp. 313- 320.

Demarest, J. y R. Allen, "Body Image: Gender, Ethnic, and Age Differences", en *Journal of Social Psychology*, vol. 140, 2000, pp. 465-472.

Dolan, R.J.; J. Mitchell y A. Wakeling, "Structural Brain Changes in Patients With Anorexia Nervosa", en *Psychological Medicine*, núm. 18, 1988, pp. 349-353.

Dominy, N.L. y W.B. Johnson, "Perception of Parental Acceptance in Women With Binge Eating Disorder", en *Journal of Psychology*, vol. 134, 2000, pp. 23-36.

Doyle, J. *et al.*, "Domestic Violence and Sexual Abuse in Women Physicians: Associated Medical, Psychiatric and Professional Difficulties", en *Journal of Women's Health and Gender Based Medicine*, vol. 8, 1999, pp. 955-965.

Duke, R. *et al.*, "The Relationship Between Parental Factors at Infancy and Parent-reported Control Over Children's Eating at Age 7", en *Appetite*, núm. 43, 2003, pp. 247-252.

Eliot, A. y C. Baker, "Eating Disordered Adolescent Males", en *Adolescence*, núm. 36, 2001, pp. 535-543.

Espinosa, R. e I. Reyes Lagunes, "El autoconcepto: Su relación con el ambiente familiar y con la orientación individual", en *La Psicología Social en México*, vol. VIII, 1998, pp. 143-149.

Fairburn, C. J. *et al.*, "Risk Factors for Binge Eating Disorders: A Community-based Case-control Study", en *Archives of General Psychiatry*, núm. 55, 1998, pp. 425-432.

Garner, D.M. y P.E. Garfinkel, "Body Image in Anorexia Nervosa: Measurement, Theory, and Clinical Applications", en *International Journal of Psychiatry in Medicine*, núm. 11, 1981, pp. 263-284.

Geist, R. *et al.*, "A Comparison of Male and Female Adolescents Referred to an Eating Disorder Program", en *Canadian Journal of Psychiatry*, vol.44, 1999, pp. 374-378

Gendall, K. *et al.*, (1998). Personality Dimensions of Dietary Restraint. *International Journal of Eating Disorders*, vol. 24, pp. 371-379.

Gibson, E.L.; J. Wardle y C.J. Watts, "Fruit and Vegetable Consumption, Nutritional Knowledge and Beliefs in Mother and Children", en *Appetite*, núm. 31, 1998, pp. 205-228.

Gifford, K.D., "Dietary Fats, Eating Guides, and Public Policy: History, Critique and Recommendations", en *American Journal of Medicine*, núm. 112, 2002, pp. 86-106.

Goldman, H., *Psiquiatría general*, México, El Manual Moderno, 1989.

Goldner, E. *et al.*, "Dimensional Assessment of Personality Pathology in Patients With Eating Disorders", en *Psychiatry Research*, vol. 85, 1999, pp. 151-159.

Gómez, G., "Peso real, peso imaginario y distorsión de la imagen corporal", en *Revista Mexicana de Psicología*, vol. 12, 1995, pp. 185-197.

_____, "Alteraciones de la imagen corporal en una muestra de escolares mexicanos preadolescentes", en *Revista Mexicana de Psicología*, vol. 14, 1997, pp. 31-40.

_____, y Acosta, M.V., "Imagen corporal como factor de riesgo en los trastornos de la alimentación: Una comparación transcultural entre México y España", *Clínica y Salud*, vol. 11, 2000, pp. 35-58.

Gorwooda, B.; A. Kipmana y C. Foulonc, "The Human Genetics of Anorexia Nervosa", en *European Journal of Pharmacology*, vol. 480, 2003, pp. 163-170.

Green, M.W. *et al.*, "Cognitive Functioning, Weight Change and Therapy in Anorexia Nervosa", en *Journal of Psychiatry*, vol. 30, 1996, pp. 401-410.

Grogan, S., *Body Image: Understanding Body Dissatsfaction in Men, Women and Children*, Londres, Routledge, 1999.

Harris, M.B.; L.C. Walters y S. Waschull, "Gender and Ethnic Differences in Obesity-Related Behaviors and Attitudes in a College Sample", en *Journal of Applied Social Psychology*, núm. 21, 1991, pp. 1545-1577.

Henderson, C.W., "Anorexia, Bulimia May Have Genetic", en *Women's Health Weekly Editors Reports, Women's Health Weekly via NewsRx.com*, 2000.

Hernández, B., "Diet, Physical Activity and Obesity in Mexican Children", tesis de doctorado, Boston Harvard School of Public Health, 1998.

Hernández, B. *et al.*, "Association of Obesity With Physical Activity, Television Programs and Other Forms of Video Viewing Among Children in Mexico City", en *International Journal of Obesity*, núm. 23, 1999, pp. 845-854.

Hernández-Ávila, M. *et al.*, "Validity and Reproducibility of a Food Frequency Questionnaire to Assess Dietary Intake of Women Living in Mexico City", en *Salud Pública de México*, núm. 40, 1998, pp. 133-140.

Herzog, W.; K. Kronmuller y M. Hartmann, "Family Perception of Interpersonal Behavior as a Predictor in Eating Disorders: A Prospective, Six-Year Followup Study", en *Family Process*, vol. 39, 2000, pp. 359-374.

Holston, J. y C. Cashwell, "The Family Functioning and Eating Disorders Among College Women: a Model of Prediction", en *Journal of College Counseling*, vol. 3, 2000, pp. 5-7.

Joiner,T.; J. Katz y T. Heatherton, "Personality Features Differentiate Late Adolescent Females and Males With Chronic Bulimic Symptoms", en *International Journal of Eating Disorders*, vol.27, 2000, pp. 191- 197.

Judaa, M.; L. Campbell y B. Crawforda, "Dieting Symptomatology in Women and Percepctions of Social Support. An Evolutionary Approach", *Evolution and Human Behavior*, vol. 25, 2004, pp. 200-208.

Jiménez, B., "Depresión, ansiedad, imágenes publicadas en revistas y riesgo para trastorno alimentario", tesis de licenciatura, Facultad de Psicología-UNAM, 2007.

Kane, T. *et al.*, "Does the Tendency to Act Impulsively Underlie Binge Eating and Alcohol Use Problems?: An empirical investigation", en *Personality and Individual Differences*, vol. 36, núm. 1, 2004.

Kaplan, H.I. y B.J. Sadock, *Sinopsis de Psiquiatría Ciencias de la conducta, Psiquiatría clínica*, 8a. ed., Madrid, Editorial Médica Panamericana, 2000.

Kaye, W., K. Gendall y C. Kye, "The Role of the Central Nervous System in the Psychoneuroendocrine Disturbances of Anorexia and Bulimia Nervosa", en *The Psychiatric Clinics of North America*, vol. 21, 1998, pp. 381-395.

Kearfott, S. y D. Hill, "The Biological Substrate of Eating Disorders", en *Current Opinion in Psychiatry*, núm. 10, 1997, pp. 296-299.

Kearney, R., "Attachment Disruption in Anorexia Nervosa and Bulimia Nervosa: A Review of Theory and Empirical Research", en *International Journal of Eating Disorders*, núm. 20, 1996, pp. 115-127.

Kenardy, J. y K. Ball, "Disordered Eating, Weight Dissatisfaction and Dieting in Relation to Unwanted Childhood Sexual Experiences in a Community Sample", en *Journal of Psychosomatic Research*, vol. 44, 1998, pp. 327-337.

Kingston, K. *et al.*, "Neuropsychological and Structural Brain Changes in Anorexia Nervosa Before and After Refeeding", en *Psychological Medicine*, núm. 26, 1996, pp. 15-28.

Krieg, J.C.; C. Lauer y K.M. Pirke, "Structural Brain Abnormalities in Patients With Bulimia", en *Psychiatry Research*, núm. 27, 1989, pp. 39-48.

Krystallis, A.; A. Arvannitoyanis y A. Kapirti, "Investigatin Greek Consumers Attitudes Towards Low-fat Products: A Segmentation Study2, en *International Journal of Food Sciencies and Nutrition*, núm. 54, 2003, pp. 219-133.

Laessle, R.G. *et al.*, "Cognitive Performance in Patients With Bulimia Nervosa: Relationship to Intermittent Starvation", en *Biological Psychiatry*, 1990, núm. 27, pp. 549-551.

Latzer, Y. *et al.*, "Attachment Style and Family Functioning as Discriminating Factors in Eating Disorders", en *Contemporary Family Therapy*, núm. 24, 2002, pp. 581-599.

Lauer, C.J. *et al.*, "Neuropsychological Assessments Before and After Treatment in Patients With Anorexia Nervosa and Bulimia Nervosa", en *Journal of Psychiatric Research*, vol. 33, 1999, pp. 129-138.

León-Sánchez, R., "El desarrollo de nociones anatómico-fisiológicas en niños y adolescentes escolarizados", tesis de doctorado, México, Facultad de Psicología-UNAM, 2005.

Longbottom, P.J.; W.L. Wrieden y C.M. Pine, "Is There Relationship Between the Food Intakes of Scottish 5½ 8½ Year-olds and Those of Their Mothers?", en *Journal of Human Nutrition Dietetic*, núm. 15, 2002, pp. 271-279.

Lucas, A.R., "Anorexia Nervosa and Bulimia Nervosa", en M. Leais (ed.), *Child and Adolescent Psychiatry a Comprehensive Textbook*, 2a. ed., Londres, William and Wilkins, 1996.

Ludwig, M. y K. Brownell, "Lesbians, Bisexual Women, and Body Image: An Investigation of Gender Roles and Social Group Affiliation", en *International Journal of Eating Disorders*, vol. 25, 1999, pp. 89-97.

Manual diagnóstico y estadístico de los trastornos mentales DSM-IV, México, Masson, 1998.

Matsunaga, H. *et al.*, "Personality Disorders Among Subjects Recovered from Eating Disorders", en *International Journal of Eating Disorders*, vol. 27, 2000, pp. 353-357.

McGrane, D. y A. Carr, "Young Women at Risk for Eating Disorders: Perceived Family Dysfunction and Parental Psychological Problems", en *Contemporary Family Therapy*, núm. 24, 2002, pp. 385-395.

McLaren, S.D., *La nutrición y sus trastornos*, México, El Manual Moderno, 1972/1993.

Menella, J. *et al.*, "Infant Feeding Practices and Early Flavor Experiences in Mexican Infants: an Intra-cultural Study", en *Journal of the American Dietetic Association*, junio de 2005, pp. 908-915.

Murnen, S. y L. Smolak, "Feminity, Masculinity, and Disordered Eating: A Meta-analytic Review", en *Journal of Eating Disorders*, núm. 22, 1997, pp. 231-242.

Mujtaba, T. y A. Furnham, "A Cross-cultural Study of Parental Conflict and Eating Disorders in a Non-clinical Sample", en *International Journal of Social Psychiatry*, vol. 47, 2001, pp. 24-35.

Mussell, M.P. *et al.*, "Onset on Binge Eating Disorder, Obsesity, and Mood Disorders in Subjects Seeking Treatment for Binge Eating Disorder", en *International Journal of Eating Disorders*, núm. 17, 1995, pp. 395-401.

Neumark-Sztainer, D. *et al.*, "Are Family Meal Patterns Associated With Disordered Eating Behaviors Among Adolescents?", en *Journal of Adolescent Health*, núm. 35, 2004, pp. 350-359.

Norman, K., *Trastornos de la alimentación en psiquiatría general*, 4a. ed., México, El Manual Moderno, 1996.

O'Dea, J.A. y S. Abraham, "Onset of Disordered Eating Attitudes and Behaviors in Early Adolescence: Interplay of Pubertal Status, Gender, Weight, and Age", en *Adolescence*, vol. 34, 1999, pp. 671-679.

Patel, P. *et al.*, "The Children of Mothers With Eating Disorders", en *Clinical Child and Family Psychology Review*, vol. 5, 2002, pp. 1-19.

Paxton, S., "Current Issues in Eating Disorders Research", en *Journal of Psychosomatic Research*, núm. 44, 1998, pp. 297-299.

Picot, A.K. y L.R. Lilenfeld, "The Relationship Among Binge Severity, Personality Psychopathology and Body Mass Index", en *International Journal of Eating Disorders*, núm. 34, 2002, pp. 98-107.

Pinhas, L. *et al.*, "The Effects of the Ideal of Female Beauty on Mood and Body Satisfaction", en *International Journal of Eating Disorders*, vol. 25, 1999, pp. 223-226.

Pirouznia, M., "The Association Between Nutrition Knowledge and Eating Behavior in Male and Female Adolescents in the US", en *International Journal of Food Sciences and Nutrition*, núm. 52, 2001, pp. 127-132.

Pryor, T. y M. Wiederman, "Personality Features and Expressed Concerns of Adolescents With Eating Disorders", en *Adolescence*, vol. 33, 1998, pp. 291-300.

Raich, R. *et al.*, "A Cross-cultural Study on Eating Attitudes and Behaviours in Two Spanish-speaking Countries: Spain and Mexico", en *European Eating Disorders Review*, vol. 9, 2001, pp. 53-63.

Ríos, L., "Cada vez más niños varones tienen anorexia", en *Vértigo*, 12 de junio de 2005.

Rosen, J. y E. Ramírez, "A Comparison of Eating Disorders and Body Dysmorphic Disorders of Body Image And Psychological Adjustment", en *Journal of Psychosomatic Research*, núm. 44, 1998, pp. 441-449.

Rudd, J. y S. Herzberger, "Brother-sister Incest Father-daughter Incest: A Comparison of Characteristics and Consequences", en *Child Abuse and Neglect*, vol. 23, 1999, pp. 915-928.

Sánchez-Sosa, J.J. y L. Hernández-Guzmán, *Inventario de salud, estilos de vida y comportamiento*, México, PAPIIT-UNAM, 1993.

_____, "Perfil sexológico del adolescente escolar de la ciudad de México", en *Archivos Hispanoamericanos de Sexología*, vol. 1, 1995, pp. 169-200.

Santos, S.; L. Bohon y J. Sánchez-Sosa, "Childhood Family Relationships, Marital and Work Conflict, and Mental Health Distress in Mexican Immigrants", en *Journal of Community Psychology*, vol. 26, 1998, pp. 491-508.

Seppa, N., "Genetically Driven", en *Science News*, vol. 163/12, 2003, pp. 179-181.

Showers, C. y B. Larson, "Looking at Body Image: The Organization of Self Knowledge About Physical Appearance and its Relation to Disordered Eating", en *Journal of Personality*, núm. 67, 1999, pp. 659-700.

Schwartz, D. *et al.*, "Body Image, Psychological Functioning, and Parental Feedback Regarding Physical Appearance", en *International Journal of Eating Disorders*, núm. 25, 1999, pp. 339-343.

Sebrell, W.H. y J.J. Haggerty, *Alimentos y nutrición*, México, Ediciones Culturales Internacionales (col. científica de *Time Life*), 1980/1989.

Serrato, G., *Anorexia y bulimia: Trastornos de la conducta alimentaria*, Madrid, Libro-Hobby, 2000.

Silva-Gutiérrez, C., "Caracterización de un grupo de pacientes con trastornos de la alimentación: estudio descriptivo", tesis de maestría, México, Facultad de Psicología-UNAM, 2001.

_____ y J.J. Sánchez-Sosa, "Ambiente familiar, alimentación y trastornos de la conducta alimentaria", en *Revista Mexicana de Psicología*, vol. 23, 2006.

Smeets, M. *et al.*, "Body Perception Index: Benefits, Pitfalls, Ideas", en *Journal of Psychosomatic Research*, vol. 44, 1998, pp. 457-464.

Smith, D. *et al.*, "Body Image Among Men and Women in a Biracial Cohort: the Cardia Study", en *International Journal of Eting Dsorders*, núm. 25, 1999, pp. 71-82.

Steiner, H. y J. Lock, "Anorexia Nervosa and Bulimia Nervosa in Children and Adolescents: A Review of the Past 10 Years", en *Journal of American Academy of Child and Adolescent Psychriaty*, núm. 37, 1998, pp. 352-259.

Steinhausen, H., "Anorexia and Bulimia Nervosa", en M. Rutter, E. Taylor y L. Herzov (eds.), *Child and Adolescent Psychriatic: Modern Approaches*, 3a. ed., Londres, Blackwell Scientific Publications, 1994.

Stewart, S.H. y S.B. Samoluk, "Effects of Short-term Food Deprivation and Chronic Dietary Restraint on the Selective Proccesing on Appetitive-Related Cues", en *International Journal of Eating Disorders*, núm. 21, 1997, pp. 129-135.

Stice, E. *et al.*, "Body-Image and Eating Disturbances Predict Onset of Depression Among Female Adolescents: A Longitudinal Study", en *Journal of Abnormal Psychology*, vol. 109, 2000, pp. 438-444.

Strada, G., *El desafío de la anorexia*, Madrid, Síntesis, 2002.

Striegel-Moore, R. y D. Franco, "Epidemiology of Bnge Eating Disorder", en *International Journal of Eating Disorders*, vol. 34, 2003, pp. 519-529.

Stunkard, A.J. y K. Costello, "Two Forms of Disordered Eating in Obesity: Binge Eating and Night Eating", en *International Journal of Obesity*, núm. 27, 2003, pp. 1-12.

Surgenor, L. y J. Fear, "Eating Disorder in a Transgendered Patient: A Case Report", en *International Journal of Eating Disorders*, vol.24, 1998, pp. 449-452

Taylor, C. *et al.*, "Factors Associated With Weight Concerns in Adolescent Girls", en *International Journal of Eating Disorders*, núm. 24, 1998, pp. 31-42.

Telch, C.S. y W.S. Agras, "Obesity, Binge Eating and Psychopathology: Are They Related?", en *International Journal of Eating Disorders*, núm. 15, 1994, pp. 53-61.

Thompson, J. y L. Heinberg, "The Media's Influence on Body Image Disturbance and Eating Disorders: We've Reviled Them, Now Can we Rehabilitate Them?", en *Journal of Social Issue*, vol. 55, núm. 2, 1999, pp. 339-353.

Thomsen, S., K. McCoy y M. Williams, "Internalizing the Impossible: Anorexic Outpatients' Experiences with Women's Beauty and Fashion Magazines", en *Eating Disorders: The Journal of Treatment and Prevention*. vol. 9, 2001, pp. 49-64.

Tiggeman, M. y J. Lowes, "Predictors of Maternal Control Over Children's Eating Behaviour", en *Appetite*, núm. 39, 2002, pp. 1-7.

Turrel, G., "Determinants of Gender Differences in Dietary Behavior", en *Nutrition Research*, vol. 17, 1997, pp. 1105-1120.

Twamley, E.M. y M.C. Davis, "The Sociocultural Model of Eating Disturbance in Young Women: The Effects of Personal Atributes and Family Enviroment", en *Journal of Social and Clinical Psychology*, vol. 18, 1999, pp. 467-489.

Unikel, C., "Desórdenes alimentarios en mujeres estudiantes y profesionales del ballet", tesis de maestría, México, Facultad de Psicología-UNAM, 1998.

Velasco, M.L., "Organizaciones familiares asociadas al fracaso escolar", en. *La psicología social en México*, vol. VIII, 1998, pp. 109-113.

Walsh, B.T. y M.J. Devlin, (1998) Eating Disorders: Progress and Problems. *Science*, vol. 280, pp. 1387-1390.

Wansink, B. (2004) Enviromental Factors that Increase the Food Intake and Consumption Volume of Unknowing Consumers. *Annual Review of Nutrition*, núm. 24: pp. 455-479.

Wardle, J., Carnell, S., y Cooke, L. (2005). Parental Control Over Feeding and Children's Fruit and Vegetable Intake: How are They Related?. *Journal of American Dietetic Association*. núm. 105: pp. 227-232.

Wechselblatt; T., G. Gurnick y R. Simon, "Autonomy and Relatedness in the Development of Anorexia Nervosa: A Clinical Case Series", en *Bulletin of the Menninger Clinic*, vol. 64, 2000, pp. 91-121.

Wegner, B.; A. Hartmann, y C. Geist, "Effect of Exposure to Photographs of Thin Models on Self-consciousness in Female College Students", en *Psychological Reports*, vol. 83, 2000, pp. 1149-1154.

Wiederman, M.; R. Sansone y L. Sansone, "Disordered Eating and Perceptions of Chilhood Abuse Among Women in a Primary Care Setting", en *Psychology of Women Quarterly*, vol. 22, 1998, pp. 493-497.

Wilfley, D.E. *et al.*, "The Clinical Significance of Binge Eating Disorder", en *International Journal of Eating Disorders*, núm. 34, 2003, pp. 96-110.

Ziolko, H., "Bulimia: A Historical Outline", en *International Journal of Eating Disorders*, núm. 20, 1996, pp. 345-358.

ACERCA DE LA AUTORA

Cecilia Silva Gutiérrez es licenciada en psicología, maestra en psicología clínica y doctora en psicología de la salud, todo por la UNAM. Trabaja como docente e investigadora en la Facultad de Psicología de la misma universidad desde hace 14 años, fue la psicóloga a cargo de la evaluación de los pacientes con trastornos de la alimentación en el Instituto Nacional de Psiquiatría Ramón de la Fuente durante casi 4 años y tiene su consultorio particular.

✦ ✦ ✦

Para ponerse en contacto con ella, escriba a la siguiente dirección electrónica:

trast_alimentacion@terra.com.mx

Esta obra se terminó de imprimir
en octubre de 2007, en los Talleres de

IREMA, S.A. de C.V.
Oculistas No. 43, Col. Sifón
09400, Iztapalapa, D.F.